Negras, Mulheres e Mães

Negras, Mulheres e Mães

Lembranças de Olga de Alaketu

Teresinha Bernardo

Todos os direitos reservados © 2019

É proibida qualquer forma de reprodução, transmissão ou edição do conteúdo total ou parcial desta obra em sistemas impressos e/ou digitais, para uso público ou privado, por meios mecânicos, eletrônicos, fotocopiadoras, gravações de áudio e/ou vídeo ou qualquer outro tipo de mídia, com ou sem finalidade de lucro, sem a autorização expressa do autor.

Catalogação na Publicação (CIP)

B236n	Bernardo, Teresinha
	Negras, mulheres e mães: lembranças de Olga de Alaketu / Teresinha Bernardo – 1ª ed. – São Paulo: Arole Cultural, 2019.
	200 p.
	Inclui bibliografia.
	Originalmente tese de Livre-Docência em Antropologia – PUCSP, 2002.
	ISBN 978-65-806370-5-8
	1. Regis, Olga Francisca (Olga de Alaketu). 2. Antropologia. 3. Candomblé. 4. Mulheres negras. 5. Religiões Afro-brasileiras. I. Título.
	CDD 296.6981
	305.48
	306

Às mulheres negras, que me ensinaram
a enfrentar e celebrar a vida.

À Mônica, que, como eu, encontrei bons
conselheiros e ótimas amigas e amigos,
brancos e negros.

Ao Reginaldo Prandi, cuja generosidade
seria impossível agradecer.

AGRADECIMENTOS

Não concordo com os que pensam que escrever um livro é uma tarefa solitária. No caso de "*Negras, Mulheres e Mães - Lembranças de Olga de Alaketu*", estiveram ao meu lado amigos que a PUC-SP, como Terra-Mãe, propicia. Assim, incentivos, apoios, disponibilidade, afetos, acolhidas, proteção não faltaram de Carmen Junqueira, Dorothea Passetti, Edson Passetti, Eliane Hojaij Gouveia, Elisabeth Mercadante, Lucia Helena Rangel, Lucia Maria M. Bógus, Luiz Eduardo Wanderley, Maria Margarida Limena, Maura Pardini Bicudo Véras, Paulo Edgar de Almeida Resende e Vera Lucia M. Chaia.

À Emilene Lubianco de Sá, que com sua inteligência e vivacidade foi uma das primeiras leitoras a estimular a realização deste trabalho. Ao Fabio Mariano da Silva e à Andréa Gonçalves Mariano, que estiveram presentes, torcendo no meu concurso para livre-docente.

Ao sacerdote chefe da Casa das Águas, meu amigo Armando Vallado, por ter me recebido como membro de sua comunidade, o que propiciou maior profundidade para este trabalho.

Ao Luciano Gomes Freire, pelo auxílio e eficiência no uso do computador.

À ONG Fala Preta! A todas as suas mulheres, na pessoa de Edna Roland, pela acolhida ímpar, que é peculiar ao feminino negro, pela generosidade em oferecer-me os dados da pesquisa "*Sexualidade e afeti-*

vidade em espaços negros: uma interpretação feminina", cujo projeto original é de Elisabete Aparecida Pinto.

A todos, muito obrigada.

OBS.: A pesquisa que deu origem ao presente trabalho foi realizada com o apoio da Capes.

SUMÁRIO

LEMBRANÇAS & MEMÓRIAS... 11
INTRODUÇÃO 13
    Universos de pesquisa.. 24
A TRAJETÓRIA DA MULHER NEGRA..................................... 29
MULHERES DAS ÁGUAS E DA TERRA..................................... 61
MULHER DO VENTO... 89
    Olga de Alaketu, a mulher-vento... 114
MULHERES NEGRAS NA MODERNIDADE BRANCA 155
CONSIDERAÇÕES FINAIS 181
REFERÊNCIAS BIBLIOGRÁFICAS... 193
SOBRE A AUTORA 199

LEMBRANÇAS & MEMÓRIAS

2003 e 2019 são datas significativas para *Negras Mulheres e Mães*. Em 2003 termino a pesquisa e escrevo sobre saudades. Então eu digo: "saudades é pensar no que passou", mas parece ser mais do que isto, pois de súbito tornamo-nos ausentes do presente e saímos como loucos à procura no passado de pessoas, sentimentos e situações. Em 2019, dezesseis anos depois, retorno ao Alaketu e qual não foi minha surpresa encontrá-lo todo pintado em branco e azul, todo arrumado.

Lembro, então que ele foi tombado em 2005 pelo Instituto do Patrimônio Histórico - inclusive estive na festa que comemorou tal evento. Ao som dos atabaques todos dançavam sob o comando de Olga. Estavam presentes Gilberto Gil, então ministro da cultura, e acadêmicos como Ieda Pessoa de Castro e Vivaldo Costa Lima. Mas antes disso, em 2003, lembro-me de outra festa: o lançamento do livro *"Negras, Mulheres e Mães"*. Olga estava contentíssima com tal acontecimento, pois ele narrava as suas memórias. Assim ela se referiu a ele: *"você entendeu tudo de acordo como eu disse"*. Esta foi a última vez que estive no Alaketu até 2019. Mas foi também em 2005 que ocorre o falecimento de Olga, no dia 25 de setembro, e em 2007 que sua filha mais velha Jocenira Barbosa Bispo torna-se a sacerdotisa central da casa.

A memória não é história, não segue uma linearidade. Às vezes ela não anda, ela salta de acordo com as chamadas do presente. Ao pensar em memória percebem-se relações profundas entre ela e a saudade. No entanto elas não se confundem. Enquanto às lembranças sou eu quem as tenho, as saudades são quem me têm e fazem de mim seu objeto.

Na realidade sou passageira do presente, pois vou ao passado e lá fico lembrando, imaginando, sonhando. São esses os estados que fazem com que eu pegue na mão de Olga e, ao som dos atabaques, saia dançando pela Rua Luiz Anselmo até a casa de Janinho (filho de Olga), volte a entrar no terreiro e a percorrê-lo de ponta a ponta, saia novamente, entre na casa de Olga e coma um acarajé. Vá para o sítio em Catu de Abrantes e, sempre dançando, lembrando, saúde o caboclo Jundiara – o adivinho cuja intervenção não permitiu que Olga ficasse cega.

Ainda dançando-lembrando, Olga e eu entramos na mata do Alaketu e qual não foi nossa surpresa: encontramos Irôco deitada, dormindo... Desde 2016, o Instituto do Patrimônio Histórico não quer incomodá-la. Afinal, ela é uma árvore-divindade que escolheu Olga para ser sua filha. Irôco é a mãe de Olga.

Mas não ficamos paradas, afinal Olga, além de ser filha de Irôco, é também de Iansã - que representa o vento. Assim, sempre dançando-lembrando, vamos para 2002, para a África, a convite do Itamarati. Sempre dançando e cantando, Olga recebe um título da Universidade Africana. Num terreiro de Egungun dançamos com a família de Olga, com a mãe e a tia. Cansadas, mas dançando, lembrando, voltamos para o Brasil, e na Bahia na Rua Luiz Anselmo – no terreiro do Alaketu – vamos descansar.

INTRODUÇÃO

A temática deste livro - a mulher negra - é minha companheira há longo tempo, mais precisamente, há vinte anos, quando iniciei a pesquisa *Mulher no Candomblé e na Umbanda*. No Brasil, na década de 1980, muitos estudiosos das ciências humanas haviam tratado da temática feminina. No entanto, sobre a mulher na religião, excetuando Landes, em 1938, somente os estudos de Maria José F. Rosado, *Vida religiosa nos meios populares* (1984), o meu estudo, *A mulher no Candomblé e na Umbanda* (Bernardo, 1986), e o de Eliane Hojaij Gouveia, *O silêncio que deve ser ouvido: mulheres pentecostais em São Paulo* (1987), elegeram as mulheres como sujeitos de suas pesquisas em religião.

No caso de minhas primeiras reflexões sobre a mulher e o Candomblé, surgiram muitas indagações: as questões dirigiam-se, especialmente, para a mulher negra. Na verdade, o Candomblé com suas mulheres haviam me fascinado, seja através da pesquisa que realizei em São Paulo e Salvador seja através da leitura do livro de Ruth Landes, *A cidade das mulheres*. Entretanto, se esse livro encantou-me, o mesmo não aconteceu a outros pesquisadores que tinham nas religiões afro-brasileiras o foco de seus estudos. Entre eles destacam-se Roger Bastide, Melville Herskowits e Pierre Verger.

Para Roger Bastide, com *A cidade das mulheres*, "a antropologia norte-americana saiu do campo do saber científico para o da evocação literária" (apud Healey, 1996, p. 154). Herskowits, por sua vez, rejeitava a falsa perspectiva sobre o papel dos homens e das mulheres na cultura, o que daria ao livro seu papel enganador (apud id., ibid., p. 155). Pierre Verger, ao criticar Landes, cita Bastide, mas sem contextualizá-lo no momento histórico em que suas ideias foram veiculadas[1]:

> *Ela nos dá uma visão feminina dos Candomblés, a qual reflete o espírito de contestação feminina em voga nos Estados Unidos e que todos os observadores consideraram como uma característica fundamental da mentalidade deste país.*
> *(Verger, 1986, p. 288)*

Verger continua citando Bastide para criticar Landes: "*Acontece por vezes que homens sejam filhos de deusas e que as mulheres sirvam de cavalo a deuses masculinos, e que essa escolha esteja relacionada com tendências homossexuais*" (id., ibid., p. 283). Finalmente, Verger dá a sua visão crítica sobre a antropóloga norte-americana. Em suas palavras "*Ruth Landes tirou daí conclusão fantasiosa sobre o matriarcado africano, e até mesmo sobre o matriarcado crioulo no Brasil, na medida em que ela não podia ignorar que, na África, o culto estava confiado aos homens*" (id., ibid., p. 286).

Essas críticas, de Bastide, Herskowits e Verger, são muito diferentes e provêm de causas diversas, o que não possibilita tratá-las em conjunto. Bastide criticou Landes entre 1950 e 1960. Nessa época, as várias vertentes das ciências sociais eram muito rigorosas quanto ao discurso sociológico. Assim, Bastide representa a sua época. No entanto, a crítica de Herskowits parece ter um tom bastante diferente, uma vez que, como Landes, foi discípulo de Boas. Na realidade, foi sob "*a influência de Boas que a antropologia cultural americana concedera um lugar privilegiado ao estudo de gênero e raça*" (Healey, 1996, p. 10).

---

[1] No entanto, as afirmações de Bastide são: a primeira, dos anos 1950; a segunda, da década de 1960.

Portanto, a crítica de Herskowits, rejeitando os papéis desenvolvidos pelo homem e pela mulher, parece ter, implicitamente, outra causa, uma vez que pertencia à mesma escola. Tanto é que Ruth Benedict, assim como Margareth Mead e Landes, pertencentes ao culturalismo norte-americano, mostram em seus trabalhos justamente esse tipo de abordagem: mais precisamente, destacam as relações de gênero.

Por sua vez, a crítica de Verger ao livro *A cidade das mulheres*, realizado bem mais tarde, em 1986, quando fervilhava a questão feminina no Brasil e no mundo, é de difícil aceitação. Ela esta posta, justamente, em um texto que trata da *"contribuição especial das mulheres no Candomblé do Brasil"* (1986, p. 272). Mas o que surpreende, tanto na edição de 1986, quanto na de 1992, é que os artigos sobre a mulher no Candomblé mostram que Verger tinha conhecimento de que os primeiros Candomblés baianos foram fundados por mulheres e estão até hoje sob a direção feminina, como narrou Landes em 1947; entretanto, o autor não divulga essa informação.

Essa contradição de Verger torna-se mais acentuada ao lembrarmos os depoimentos, tanto de Beata de Iemanjá, filha-de-santo de Olga de Alaketu, quanto de Nirinha, filha de sangue da mesma mãe. O fotografo francês esteve durante longo tempo pesquisando no Alaketu; conheceu intimamente o terreiro, que guarda quase todas as características descritas por Landes. No entanto, faz somente uma pequena alusão a ele.

Mas o que surpreende ainda mais em Verger é quando, ao citar o Alaketu, diz: *"Um outro terreiro keto da Bahia, digno de ser citado é o do Alaketu dirigido por Olga Francisca Régis, descendente do fundador em sexta geração"* (1986, p. 287).

Verger sabia que o Alaketu havia sido fundado por uma mulher africana, mesmo porque ele cita Costa Lima ao discutir esse terreiro. Entretanto, ao atribuir a fundação ao masculino, retira a noção de matrilinearidade, que é o principio seguido para a sucessão nas casas tradicionais baianas². No entanto, o ano de 1986 parece ser a ponta de um iceberg: eu defendo o primeiro trabalho brasileiro de certo fôlego no pós-Landes; no mesmo ano, Verger escreve "*A contribuição especial das mulheres ao Candomblé do Brasil*". Em 1987, Waldir Freitas Oliveira (p. 36) e Vivaldo Costa Lima, em conjunto, fazem apreciações elogiosas sobre a antropóloga norte-americana:

> *Em 1938, esteve na Bahia a antropóloga americana da Universidade de Columbia, Ruth Landes. Ela descreveu em seu livro, A cidade das mulheres, seus encontros e entrevistas com Martiniano, deixando-nos um retrato vivo, simpático e espirituoso - não isento de alguma malícia - da personalidade fascinante e dominadora do velho babalaô. (1987, p. 48)*

Costa Lima, além de detalhar uma pequena biografia, diz mais:

> *É um painel abrangente e sensível da vida do povo de santo da Bahia, encontraram-se evocadas, com grande agudeza e humor, figuras como a do babalaô Martiniano do Bonfim, vividamente descrito na sua casa do Caminho Novo, no Taboão; de Menininha do Gantois e de sua jovem filha Cleusa (...) (ibid., p. 181).*

A segunda metade dos anos 80 representa o *esprit du temps*. Mais precisamente, à medida que os estudos sobre o feminino no Brasil se desenvolvem, a temática da mulher na religião, especialmente no Candomblé, cujo papel de grande sacerdotisa é destacado, torna-se foco privilegiado de pesquisa. Assim, o meu estudo foi o primeiro a tentar discutir essa questão e, ao contrário de outros pesquisadores que critica-

---

² Nas duas edições, tanto na de 1986 (p. 287), quanto na de 1992 (p. 117), Verger atribui a fundação do Alaketu ao masculino. Diferentemente de Costa Lima que, em várias publicações, atribui a fundação do terreiro a uma princesa africana.

ram Landes, a antropóloga norte-americana logo me fascinou: seja pela linguagem utilizada seja pela forma como trata as mulheres do Candomblé.

Na realidade, orientava-me no sentido de tentar descobrir se as características apresentadas pela mulher negra, que se traduziam em certa autonomia, foram desenvolvidas à medida que exercia seu papel de sacerdotisa central do Candomblé ou, por outro lado, se a mulher negra tornou-se mãe-de-santo porque já tinha essas características. Essa questão, certamente, era a principal, mas outras gravitavam em torno dela: os fatores que listei no meu estudo (1986) para explicar o fato de a mulher ocupar o ápice da hierarquia religiosa no Candomblé eram de âmbito sociopolítico, econômico e histórico. Entretanto, essas dimensões davam respostas parciais, que, se, por um lado, deixaram-me descontente, por outro, instigaram-me a pesquisar mais.

Foi com essa intenção que saí em busca de outras mulheres negras no início da década de 1990 e que tinham vivido mais de 70 anos na cidade de São Paulo. Em outras palavras, meu objetivo preliminar era conhecer o cotidiano da mulher negra para tentar descobrir a origem de seu comportamento diferenciado, especialmente quando focava "*sua independência na forma de encarar o trabalho, o casamento, de se relacionar com os homens, com os filhos, com outras mulheres*" (Bernardo, 1986, p. 7).

Além das desigualdades vividas pela afrodescendente na cidade, vislumbrei, ao estudar seu cotidiano, a determinação de luta com que o feminino negro conta para enfrentar a vida. Essa característica é diferente quando se compara a mulher negra com outras etnias. Assim, acostumei-me a pensar na questão étnica ao me referir à mulher negra. Em outras palavras, o comportamento da afrodescendente, que se traduz muitas vezes no modo singular de encarar e enfrentar a vida, que observei no universo feminino das mulheres de Candomblé, não se reduzia às mulheres negras sacerdotisas dessa expressão religiosa, mas era mais abrangente, pois parecia envolver uma grande parte das afrodescendentes.

Dessa forma, o foco de minha atenção dirigiu-se para as questões étnicas e históricas relativas à mulher negra, as quais possibilitam um tipo de conhecimento específico. Assim, se a antropologia me permite imaginar, imagino que esse conhecimento, que é parte constitutiva da mulher negra, pode ser desconstruído, permitindo que se visualizem seus elementos, suas novas montagens e ressignificações no processo vivido pela afrodescendente.

É na procura, então, das mulheres negras que o texto se movimenta. Fui para a África, encontrei as africanas ocupando o espaço público: estavam nas feiras, trocavam bens. Mas não eram só objetos materiais que elas trocavam, as trocas dirigiam-se também para os bens simbólicos, eram músicas, orações, danças, receitas para curar o corpo, receitas para aconchegar os corações. Percebi também que entre os iorubás, as mulheres chegavam a ocupar cargos públicos de destaque. Na família poligínica, a africana vivia num cotidiano repleto de conflitos, mas não se pode dizer que a mulher africana não possuía certa autonomia.

Acompanhei essas mulheres na diáspora, em terras brasileiras presenciei as lutas para a sua sobrevivência e a de seus filhos, uma vez que, no lugar da poliginia, grande parte das africanas e suas descendentes viveram a matrifocalidade. Saíram pelas ruas de grande parte das cidades brasileiras vendendo artigos de primeira necessidade, quitutes preparados com suas próprias mãos. Eram as famosas *negras de tabuleiro*. Foram também para as feiras, abriram suas quitandas e continuaram a trocar bens materiais e simbólicos.

A população afrodescendente cria e recria seus mitos no Brasil, as deusas afloram neles com autonomia. As características maternais não invalidam o lado erótico; ao representarem a tradição não deixam de viver o presente; são vaidosas e sedutoras, ao mesmo tempo, invadem o espaço público; sabem o que querem e planejam suas ações para atingir seus objetivos. Lutam ao lado dos seus parceiros, no entanto chegam à dissimulação para satisfazerem seus desejos e para protegerem a si e aos seus filhos.

Na verdade, a mulher iorubá, que tem relação direta com as deusas mitológicas que afloram neste estudo, chegou a desenvolver poderes ocultos para a proteção. É neste sentido que a singularidade de Olga Francisca Régis interessa, pois além de ser a única mãe-de-santo descendente direta de Otampê Ojarô, uma princesa africana vinda diretamente do reino de Ketu, é a mãe-de-santo mais amiga dos terreiros tradicionais baianos.

Não obstante todo esse saber-fazer que mãe Olga representa, a modernidade afasta as mulheres negras com os seus saberes tradicionais, pois são dissonantes ao discurso do progresso, à racionalidade aliada a calculabilidade. Assim, nos dias atuais, percebo que a situação socioeconômica enfrentada pela mulher negra é uma das mais difíceis, comparado com outros grupos que constituem a população brasileira. Para discutir tais questões, propicio encontros, especialmente entre memória coletiva, mito, etnicidade e gênero, uma vez que há relações profundas entre eles.

Na realidade, um dos elementos fundantes da etnicidade é a memória coletiva. Dessa forma, a identidade étnica não aponta para o passado, pois a memória movimenta-se de acordo com o seu tempo reversível. Mais precisamente, a reversibilidade da memória se traduz pela chamada do presente, ida ao passado, retorno ao presente. Assim, se a memória coletiva é viva, a etnicidade também o é, pois se encontra em constante movimentação, apontando para o futuro como quer Fischer (1986).

Assim, ilumina-se a ideia de etnicidade, não como algo fixo, mas oscilante e de acordo com o movimento da memória. Michel Pollak (1989) é taxativo ao dizer que o responsável pelo colorido da memória é o presente. Se a etnicidade tem uma ligação intensa com a memória, essa relação é ampliada captando os jogos do imaginário, os mitos sociais. Percebe-se a importância do mito para a etnicidade por ter ele "*uma relação privilegiada com a memória. Pode-se mesmo dizer-se que aquilo que retém o filtro da memória entregue a si mesma se parece geralmente com os mitos*" (Smith, 1982, p. 385).

Os mitos transmitem um modo de pensar, um modo de ver o mundo. Essa visão de mundo é sempre coletiva e deve-se conservá-la, no sentido de haver um acordo do grupo em relação a ela. É devido a esse papel que analiso os mitos referentes às mulheres-deusas afro-brasileiras: Iemanjá, Oxum e Iansã. "*Em relação ao aspecto e às exigências da memória, o mito mantem certas relações privilegiadas como o nome próprio que é o ponto a partir do qual se pode evocar de novo toda uma serie de recordações*" (id., ibid., p. 385).

É claro que esse nome próprio tem a ver com a cultura criadora de determinado mito. Mas, como diz Junqueira:

> *Ao analisar o mito, acabamos por perceber com clareza que, para além das inúmeras especificidades históricas, culturais, sociais, o ser humano, em qualquer latitude, concentra considerável esforço na tentativa de compreender o universo e explicar o sentido da vida. (2000, p. 12)*

É nessa direção que entendo as ideias de Lévi-Strauss (1993, p. 47), ao referir-se à recorrência de certos aspectos invariantes do mito que conduzem a estruturas mentais semelhantes. Foi por isso que utilizei Bachelard para analisar os mitos afro-brasileiros recontados por Prandi (2000). Na realidade, a narração que é mítica pode ser recontada, mais do que isso, pode ser traduzida em várias línguas, pois permanece o sentido original, o seu núcleo primitivo, devido às estruturas mentais semelhantes. Nas palavras de Lévi-Strauss:

Poder-se-ia definir o mito como essa modalidade do discurso onde o valor da fórmula traduttore-tradittore tende praticamente a zero. Dessa perspectiva, o lugar do mito na escala dos modos de expressão linguística é o oposto da poesia, não importando o que se tenha dito para aproximá-los. A poesia é uma forma de linguagem sumamente difícil de ser traduzida para uma língua estrangeira e qualquer tradução acarreta inúmeras deformações.
Ao contrário, o valor do mito persiste a despeito de qualquer tradução. Qualquer que seja nossa ignorância da língua e da cultura da população onde foi colhido o mito, é percebido como mito por qualquer leitor no mundo inteiro. A substância do mito não se encontra nem no estilo, nem no modo de narração, nem na sintaxe, mas na história que é relatada. O mito é linguagem, mas uma linguagem que tem lugar em um nível muito elevado, onde o sentido chega, se é lícito dizer, a descolar do fundamento linguístico sobre o qual começou rolando. (1967, p. 242)

É por isso que houve adequação perfeita entre a poética de Bachelard e a narrativa de Prandi[3], mas também outros narradores de mitos foram ouvidos: Nina Rodrigues, Arthur Ramos, Monique Augras, Edison Carneiro, Jorge Amado, Roger Bastide. Bachelard, por sua vez, à medida que se preocupou com a cosmologia simbólica dos elementos água, terra, fogo e ar, além de todos os seus derivados, possibilitou o encontro mais que perfeito com os mitos afro-brasileiros, cujas divindades, justamente, esses elementos representam. A cosmologia simbólica de Bachelard, à medida que detém esses elementos, não é mais opo-

---

3 Teria sido quase impossível, para mim, realizar este estudo sem Mitologia dos Orixás (Prandi, 2000), pois através desse livro foi-me possível decifrar os mitos e todos os seus desdobramentos.

sição à realidade sensível: o que existe é cumplicidade entre o imaginário e essa realidade.

Se entre o mito e a memória há uma relação privilegiada, as lembranças de Olga de Alaketu - cujas substâncias na maioria das vezes são mitológicas - são decifradas, por um lado, através de Prandi (2000) que, ao narrar os mitos afro-brasileiros, possibilita os seus inter-relacionamentos, permitindo o encontro de sentido para as lembranças da sacerdotisa. Por outro lado, através de Vemant (1971), tenho a possibilidade de captar a memória dessa mãe-de-santo de maneira ampliada, a memória divinizada.

Diferentemente da memória dos mortais, a divinizada tem um movimento que sai do presente, mas, quando vai ao passado, chega ao tempo das origens e, em vez de retornar ao presente, vai para o futuro e chega, finalmente, ao presente. É a memória que caracteriza o discurso dos profetas e dos poetas. Mas a sacerdotisa, que se constitui em um dos principais sujeitos deste estudo, tem as duas memórias: a dos mortais e a divinizada. É no jogo das duas memórias que a sacerdotisa, com o auxílio analítico de Vemant, movimenta-se neste trabalho. Os mitos de Iemanjá, Iansã, Oxum remetem essa análise para o universo feminino afro-brasileiro: mais precisamente, para as relações de gênero. É Joan Scott quem dá uma eloquente definição sobre esse assunto ao afirmar:

> *"(...) gênero é a organização social da diferença sexual. Mas isso não significa que o gênero reflita ou produza diferenças físicas fixas e naturais entre mulheres e homens; mais propriamente, o gênero é o conhecimento que estabelece significados para diferenças corporais (...) Não podemos ver as diferenças sexuais a não ser como uma função de nosso conhecimento sobre o corpo, e esse conhecimento não é puro, não pode ser isolado de sua implicação num amplo espectro de contextos discursivos." (1988, p. 2)*

Assim, a identidade sexual, os comportamentos referentes entre o homem e a mulher encontram-se enraizados historicamente, como reflexos de sistemas culturais específicos. É nessa perspectiva que devem ser entendidas as mulheres iorubás, os conflitos vividos pela família poligínica africana, sua trajetória no Brasil, a constituição da família matrifocal. Assim sendo, o debate que desenvolvo neste trabalho aponta para as questões fundantes da antropologia, ao tratar dos invariantes universais humanos e das diversas relações travadas com as formas de narrar fatos, histórias e eventos, que são imediatamente culturais.

Porém, retomando ao mito como um dos elementos importantes para a construção da etnicidade, percebe-se a existência de outro, que, apesar de ter o mesmo nome, descambou para a ideologia. Assim, em vez de restaurar, encobre; em vez de revelar o invisível, esconde; em vez do jogo de encobrir revelando e revelar encobrindo, o mito da democracia racial mistifica, cria ilusão... Mais precisamente, disfarça as relações raciais brasileiras, distorce a realidade das relações raciais no Brasil[4].

Se o mito, como a memória coletiva, é fundamental para a etnicidade negra brasileira, o mito da democracia racial, ao contrário, à medida que cria ilusões, inclusive a da não existência do racismo no Brasil, fragmenta a etnicidade, impossibilitando que o grupo atue em conjunto. Os problemas enfrentados pelo afrodescendente deixam de ser coletivos, tornam-se individuais.

---

[4] O mito da democracia racial surgiu nos anos 30, distorcendo a percepção do racismo no Brasil. Sua construção deveu-se a diferentes fatores: influência das ideias racistas européias do século XIX, processo de urbanização-industrialização vivido pela sociedade brasileira, processo de branqueamento, comparação entre a situação do negro norte-americano e do brasileiro.

Universos de pesquisa

O primeiro universo de pesquisa é relativo ao projeto sobre "*A religião da diáspora negra - continuidades e rupturas*", que tem como objetivo captar as transformações e as permanências do Candomblé na cidade de São Paulo. É através das mães-de-santo afrodescendentes que se procurará atingir esse objetivo, uma vez que se considerou a importância da mulher negra essa expressão religiosa. Foram entrevistadas Mãe Manodê, Mãe Ada, Mãe Sílvia de Oxalá, Mãe Juju, Mãe Vanda, Mãe Ana.

A técnica utilizada com as mães-de-santo foi a da história oral de vida, com duração de três a quatro horas. Foi por meio dessas histórias orais que agenciei minha atenção para observar que as mulheres negras estavam saindo dos terreiros de Candomblé. Diante desse fato, constituí outro universo de pesquisa, com dois critérios de inclusão: ser mulher negra e ex-adepta dessa expressão religiosa. Essas entrevistas têm somente um roteiro de orientação, cujo objetivo era saber quais foram os fatores que levaram as mulheres negras a deixar o Candomblé. Apesar do roteiro, deixei o entrevistado em liberdade, não fiz nenhuma pergunta precisa, porque acredito que se encontram embutidas nas perguntas as respostas que agradam o pesquisador. Nesse universo de pesquisa encontrei declarações importantes, como a desta costureira: "*ah, eu tenho muitas coisas para te contar. A minha vida sempre foi cheia de coisas: boas, ruins, importantes, sem graça; lembro de tudo; eu que fiz tudo*" (mulher negra, 70 anos, costureira, 2000).

Entre a oitava e décima primeira entrevista percebi que os dados se repetiam; havia alcançado o ponto de saturação. Isso significa que a amostra era representativa e que não havia mais necessidade de continuar a coleta de dados. O segundo universo de pesquisa já veio praticamente constituído para as minhas mãos[5]. Se, por um lado, devo dar graças por ter todo esse material - foram mais de setenta entrevistas com mulheres negras de diferentes faixas etárias, as quais, de outro modo, eu não teria tido acesso -, por outro lado, eu tinha a sensação de que os dados não eram meus; mais do que isso, que eu não os conhecia. Em outras palavras, já havia experimentado a mesma sensação no doutorado, quando uma colega do departamento de História, professora doutora Iara Cury, ofereceu-me dados que tratavam da mesma temática de meu estudo. Não pude aceitar sua generosa oferta. Lia os dados e pensava que faltava alguma coisa. Sim, faltavam as pessoas para narrarem suas vidas. Foi assim que percebi o quanto eu gostava do trabalho de campo. No entanto, a pesquisa da Fala Preta! era diferente, pois eu tinha encontros semanais com os pesquisadores que, ao me contarem sobre os dados, falavam também das pessoas.

O terceiro universo de pesquisa que apresento é o de Olga Francisca Régis e suas duas famílias - a de sangue e a de santo -, que se confundem. Conheci Olga por volta do ano de 1995. Morava próximo da sua casa, na Rua Gonçalo Afonso, Vila Madalena, São Paulo. Apesar de sempre estar presente em Salvador para presidir as cerimônias de seu terreiro do Alaketu, Mãe Olga residiu em São Paulo por mais de vinte anos, até o ano de 2000. No período de 1995 a 1998, tivemos muitos contatos que nos aproximaram[6]. Sabia que não seria fácil obter o consentimento da sacerdotisa para escrever as suas memórias. No entanto, não sabia o porquê da dificuldade; só muito mais tarde soube da desconfiança de Olga em relação aos pesquisadores, uma vez que autores famosos, como Jorge Amado e Pierre Verger, passaram longo tempo

---

[5] Dados da pesquisa "Sexualidade e afetividade em espaços negros: uma interpretação feminina", realização da ONG Fala Preta!
[6] Em 1998, Olga participou de um seminário promovido pelos programas de Pós-graduação em Sociologia da USP e de Ciências Sociais da PUC-SP, coordenado pelo Prof. Dr. Reginaldo Prandi e por mim. Esse evento nos aproximou mais.

em seu terreiro e, no final, só mencionam a sacerdotisa ou o terreiro em pequenos agradecimentos ou notas.

Nesses três anos, apesar de não ter havido uma situação formal de pesquisa, nossa relação trouxe dados interessantes: como se relacionava com seus filhos-de-santo paulistas, os gostos da sacerdotisa, certos critérios para a realização de rituais, o seu incansável trabalho para a cura. Quando Olga estava em São Paulo, convidou-me muitas vezes para almoçar e jantar em sua casa. Desses convites, pelo menos três foram para o almoço da Sexta-Feira Santa. A iyalorixá arrumava uma grande mesa e, como ela mesma diz: "*A comida era para os vivos e para os mortos*". Eram verdadeiras iguarias, e Olga contava com orgulho que havia feito tudo sozinha.

Em 1999, no dia do lançamento de *Caminhos de Odu*, de Agenor Miranda Rocha, o professor Vivaldo Costa Lima se apresentou a mim, e qual não foi a minha surpresa quando disse, meio constrangido, que Mãe Olga havia solicitado a ele, seu compadre e grande amigo, que descobrisse quem realmente eu era. Em outras palavras, se de fato eu havia escrito sobre a mulher no Candomblé, enfim, se eu era uma pessoa digna de confiança. É interessante observar que houve uma inversão na relação pesquisador-pesquisado. O que usualmente ocorre é o pesquisador solicitar informações a respeito do informante. Aqui, ao contrário, Olga, com toda razão, queria saber se poderia confiar na pesquisadora.

Parece que Vivaldo teve boas impressões a meu respeito, pois a partir de então Olga ficou tranquila para narrar as suas lembranças. Passou a convidar-me com mais frequência para ir a sua casa, para festas e casamentos, bailes de formatura, festas nas casas de seus filhos-de-santo, festas no terreiro do Alaketu. Em todas essas ocasiões, participei dos eventos junto com Olga e suas duas famílias, o que propiciou relações mais estreitas entre nós. Foi assim que colhi o depoimento de Delinha, irmã-de-santo de Olga, em seu terreiro na Baixada Fluminense, em 1999, como também o de sua filha mais famosa, Beata de Iemanjá, em seu terreiro também na Baixada Fluminense, em 2000.

Apesar de saber a importância, o significado da família de santo para o povo de Candomblé, e ter a informação de Costa Lima, de que no Alaketu a família de santo se confunde com a de sangue, fiquei surpreendida quando, ao necessitar de algumas informações, as filhas de Olga mandaram-me entrevistar uma de suas tias, portanto, irmã da sacerdotisa, para saber alguns detalhes de quando eram jovens. Eu não tinha dúvidas de que estava indo ao encontro de uma irmã consanguínea de Olga. Fiquei surpreendida quando me deparei com um terreiro, pois a sacerdotisa não havia me contado que tinha uma irmã também mãe-de-santo. Somente depois de conversar com Delinha é que percebi que ela era tia, sim, mas de santo, das filhas consanguíneas de Olga.

Ainda em relação às duas famílias, cabe a seguinte observação: Olga referia-se tanto à família de santo quanto à de sangue por meio do pronome "nós", não fazendo, portanto, nenhuma distinção entre elas. Quando se dirigia a mim utilizava o pronome "você". A relação estava dada - nós e o outro. No caso, o outro era eu. O sentido do distanciamento estava presente e a manutenção de tal distância era dada pelo próprio sujeito da pesquisa. No entanto, no decorrer do tempo, percebi que a sacerdotisa passou a fazer certa confusão na utilização dos pronomes, no que era acompanhada por suas duas famílias. Em janeiro de 2002, quando estive em Salvador, sai da categoria "você" e fui introduzida no "nós". Fui incluída não sei em que família, mas pouco importa, as duas confundem-se.

Após a devolutiva do trabalho, Olga passou a chamar-me, carinhosamente, de "minha filha". Sei que lá ficou muito satisfeita com o texto, pois dei a ela um destaque diferente do de Pierre Verger e mesmo do de Jorge Amado. Por meio de um telefonema, ela disse: *"Minha filha, você entendeu tudo de acordo com o que eu disse..."*, e continuando:

"acho que não é fácil não. Tanta gente vem aqui, pergunta bobagem e sai falando bobagem...".

Na realidade, se pudesse traduzir a sacerdotisa, eu diria: o pesquisador do Candomblé tem que ser um observador participante. É por meio desse tipo de técnica que é possível perceber o Candomblé intimamente e não apenas ter uma visão externa, de superfície, sobre essa expressão religiosa. Mais precisamente, a minha vivência no Candomblé paulista em muito contribuiu para decifrar em parte Olga e o Alaketu.

Os critérios de inclusão no Candomblé são difíceis de precisar, mas os arquétipos referentes aos Orixás são muito importantes na relação entre pesquisador e pesquisado. Nos mitos relativos aos meus Orixás e os da sacerdotisa há muito mais encontros do que desencontros. Na verdade, nossos "Santos" se dão bem. Eu diria: nós também.

Como diz Nirinha, filha consanguínea da sacerdotisa: *"quando Olga gosta, tudo é uma maravilha, mas quando ela não gosta..."* - eu também tenho comportamentos semelhantes. Portanto, se escrevo, se pesquiso sobre a mulher negra, sobre Olga, é porque gosto. E quanto mais pesquiso, estudo, escrevo, mais gosto. Tanto é que quando terminei o meu primeiro estudo, escrevi um artigo ainda inédito, intitulado "Banzo". Banzo, para mim, é a saudade da pesquisa. É a saudade do campo. Mais precisamente, Banzo é a saudade das pessoas com quem convivi no campo.

Saudade é pensar no que passou, mas parece ser mais do que isso, pois de súbito tornamo-nos ausentes do presente (Lourenco, 1999) porque saímos como loucos à procura, no passado, de pessoas, sentimentos... Situação. Muitas vezes esse impulso leva à procura, no presente, da mesma situação. É esse o sentimento que já começo a sentir por Olga e sua gente. É o que me instiga sempre a recomeçar... A pesquisar...

A TRAJETÓRIA DA MULHER NEGRA

Relações de gênero não são prerrogativas exclusivas dos seres humanos, homens e mulheres. Marcam também, como na Grécia Clássica, o cotidiano dos deuses. Isso está muito explícito nos mitos de Héstia e Hermes. Segundo Vernant (1971), pouco se sabe sobre essa deusa, pois as únicas alusões a seu respeito são encontradas nas últimas estrofes do "Hino à Héstia", quando Homero destaca a aliança entre ela e Hermes, mostrando que essa relação não tem como substância laços de sangue nem se baseia no casamento. Na realidade, o que ocorre "*(...) é uma afinidade de fusão de duas forças divinas, presentes nos mesmos lugares, que desenvolvem lado a lado atividades complementares*" (p. 114).

Além de dar nome à deusa, o termo Héstia também é utilizado para designar a lareira, isto é, o fogo doméstico, o lar. Zeus, "*o pai dos deuses*" (Graves, 1990, p. 52), concedeu à Héstia o direito de sentar-se no trono no centro da casa. No entanto, essa deusa não é somente o centro do espaço doméstico; ao representar a lareira fixada no solo, ela significa também "*(...) o umbigo que enraíza a casa na terra*" (Vemant, 1971, p. 113), a fixidez no tempo, a imutabilidade, a permanência. Seu lugar é a casa, o domicilio, a família, o espaço privado.

Hermes, pelo contrário, esta sempre em movimento, é o mensageiro, "*(...) é o viajante que vem de longe e se apressa em partir*" (id., ibid., p. 115). Ele representa a passagem, a mudança, a transição, o movimento. Quem o procura deve ir aos lugares públicos onde os homens se reúnem para a troca, seja de bens simbólicos, através da discussão, da informação, seja de bens materiais, cujo lugar apropriado é o mercado. Hermes também pode ser encontrado diante das portas, nas entradas das cidades, nas fronteiras dos Estados, nas encruzilhadas.

Na relação Hermes-Héstia, a deusa deve permanecer no espaço doméstico. Héstia significa o interior, o recinto, a intimidade; enquanto Hermes representa o exterior, a abertura, a mobilidade, o contato com o outro. Ao representar o interior, Héstia é a responsável pelo armazenamento dos bens que Hermes, voltado para o exterior, trouxe para casa. Assim, a deusa representa o entesouramento; enquanto o deus, a aquisição. Ela guarda, conserva e distribui no interior da casa os bens que Hermes ganhou com o seu trabalho no exterior, no espaço público.

Se Vernant percebe, por um lado, afinidades e complementaridades ao narrar o mito desse casal, por outro, não se pode esquecer que no pensamento grego

> "(...) os conceitos opostos costumam atrair-se, eles formam, de algum modo, uma unidade, ainda que conflitada, mas os opostos se pertencem, é como quem nasce de uma mesma raiz. Eles se reclamam, talvez para se destruírem."
> *(Bomheim, 1987, p. 15)*

É nessa perspectiva que deve ser entendido o mito Héstia-Hermes, constituindo, no limite, as relações de gênero, o masculino e o feminino, em que seus membros se complementam, tem afinidades, mas também formam um par de oposições que vive em constante tensão. Se é verdade que o mito se movimenta no sentido de revelar, encobrir - se ele se constitui como a irrupção do indizível, do não-dito -, pode-se dizer também que ele deve ser encarado como uma das vias de acesso para se compreender o universo sociocultural de um povo. Em outras palavras, o mito Héstia-Hermes desnuda o lugar que deve ser ocupado pelo feminino e pelo masculino no mundo ocidental, mais precisamente, cabendo ao homem o espaço público e, a mulher, o privado. Michelle Perrot, ao comentar sobre o mundo ocidental, diz:

> *O lugar das mulheres no espaço público sempre foi problemático, pelo menos no mundo ocidental, o qual, desde a Grécia Antiga, pensa mais energicamente a cidadania e constrói a política como o coração da decisão e do poder. Uma mulher em público esta sempre deslocada, diz Pitágoras. Prende-se à percepção da mulher uma ideia de desordem. Selvagem, instintiva, mais sensível do que racional, ela incomoda e ameaça. A mulher noturna, mais ou menos feiticeira, desencadeia as forcas irreprimíveis do desejo. Eva eterna, a mulher desafia a ordem de Deus, a ordem do mundo. (1998, p. 8)*

O fato de a mulher ser percebida no mundo ocidental como responsável pela ruptura da ordem - o que, inclusive, garante o patriarcado -, por um lado, legitima o lugar que deve ser ocupado pelo feminino: o interior da casa. Isso isola a mulher, não havendo possibilidade de os "fluxos de desejos" seguirem seu curso sem interrupção. Por outro lado, o interior da casa é o local adequado para o exercício da sexualidade, que deve também ocorrer para a mulher no interior do casamento. Assim, as normas para o comportamento feminino são estabelecidas. A mulher ocidental deve permanecer no interior da casa, que também é o "lócus apropriado" para dar vazão à sexualidade; claro que com certo comedimento, limitado o sexo da mulher pelo sexo de seu cônjuge, pois a sexualidade feminina só deve fluir no interior do casamento.

Além das normas que devem orientar o comportamento feminino, há ainda certos princípios que devem ser obedecidos na constituição da família monogâmica que caracteriza a sociedade burguesa, conforme mostra Foucault em seu comentário a respeito: *"No espaço social, como no coração de cada moradia, um único lugar de sexualidade reconhecida, mas utilitário e fecundo: o quarto dos pais"* (1999, p. IO). Assim, a sexualidade que ocorre nesse local só é fecunda quando geradora de filhos, pois a sexualidade esta ligada à reprodução. Ao fazer a genealogia da sexualidade e ao discutir o pensamento grego sobre tal questão, Foucault cita Aristóteles: *"O bom marido deverá demonstrar atenção, mas também comedimento, ao que a esposa responderá com pudor e delicadeza, demonstrando em partes iguais afeição e temor"* (1998, p. IG).

Dessa forma, Foucault aponta para a tradição proveniente de Aristóteles, que repousa na busca da justa medida encontrada no meio-termo. Aos homens caberá, no espaço público, o exercício do comedimento na política. Como sua face reversa no âmbito privado, caberá à mulher a relação comedida com seu marido. Foucault ainda acentua a importância da fidelidade para os gregos, ao mostrar o comportamento conformado feminino ante as faltas de seu marido. Assim, torna-se obvio que, na Grécia Antiga, ser fiel era um comportamento especificamente feminino, não havendo simetria nas relações de gênero.

A construção sociocultural da mulher no mundo ocidental aponta que a mulher deve permanecer confinada no interior da casa, no espaço privado, como personagem da intimidade, da permanência, da continuidade, como se vê, seja por meio do mito de Hermes-Héstia seja pelas palavras de Michelle Perrot (1998) ao citar Pitágoras, seja, ainda, pela genealogia foucaultiana sobre a sexualidade, tanto no pensamento grego, como, posteriormente, no cristianismo. Não há dúvida de que somos herdeiros do pensamento desenvolvido na Grécia Antiga, além de termos sido moldados pelo cristianismo. Essa herança marcou com ferro em brasa a memória feminina do Ocidente. A memória coletiva se apoia no grupo que vive situações em comum.

A mulher, no mundo ocidental, vive uma situação de submissão, portanto, suas lembranças correspondem ao lugar que ela ocupa nessa realidade. As mulheres no mundo ocidental recebem desde a infância os princípios que devem orientar seu comportamento. É claro que essas normas, muitas vezes, são ressignificadas, mesmo porque um dos pressupostos de qualquer cultura é a sua dinâmica. No entanto, mesmo na contemporaneidade, o espaço privado parece ser ainda reservado especialmente ao feminino. Assim, grande parte das mulheres continua a representar a permanência, a intimidade, a continuidade.

É nessa perspectiva que Perrot afirma: "*No teatro da memória, as mulheres são sombras tênues*" (1989, p. 9). Não há dúvida de que a autora esta se referindo às mulheres do mundo ocidental. Na realidade, a frase da autora fez com que eu retrocedesse no tempo e movesse o foco de minha atenção, indo ao encontro de duas mulheres descendentes de italianos que me disseram:

> "(...) se o Abel estivesse vivo, ele teria muita coisa para contar. Ele sempre me dizia que quem tinha memória era ele... Mulher tem muito pouca coisa para lembrar, quem fazia tudo era o homem."
>
> (Bernardo, 1998, p. 106)

Em outras palavras, Perrot, ao discutir a memória feminina, analisa a Europa no século XIX e mostra como nessa época a divisão entre o espaço público e o privado ganhava destaque, inclusive com seus respectivos ocupantes. No entanto, parece que o mundo ocidental já conhecia de longa data essa divisão, desde a Grécia Antiga, como narra o mito de Hermes e Héstia. A maior valorização do espaço público em relação ao privado está diretamente referida ao fato de as atividades econômicas e políticas - portanto, do domínio público - serem exercidas pelo homem, enquanto que as atividades femininas eram silenciadas. A história, assim, ficava vazia de qualquer ação ou representação relativa à mulher.

No espaço privado, essas lembranças não eram valorizadas pela sociedade abrangente. Assim, as próprias mulheres pensavam que, tanto suas ações quanto suas lembranças não eram merecedoras de importância. Qualquer objeto, fotografia, escrito que pensem poder desaboná-las moralmente é destruído.

No Brasil, como em outros pontos do planeta, vivem mulheres que não são descendentes de Héstia; suas ascendentes são Iansã, Ewá, Nanã, Oxum, Iemanjá. São as mulheres afrodescendentes. A memória do vivido dessas mulheres e nítida, clara. Lembram-se de detalhes de suas vidas, dos grupos a que pertenceram no passado e daqueles a que pertencem no presente. As lembranças herdadas também fazem parte de suas memórias e, sobretudo, dizem que gostam de lembrar. Os depoimentos de duas mulheres negras expressam esse fato:

> *"O seu trabalho tem tudo a ver com aquele verbo que falamos mais em casa: Lembra..."*
> *Ex-aluna de Ciências Sociais da PUC-SP,*
> *40 anos, paulista, 1993*

> *"O seu livro é igual, é igualzinho à minha casa, à minha gente. Falei para minha mãe e nós queremos que você vá lá em casa, inclusive porque nós gostamos e queremos lembrar com você da nossa vida."*
> *Aluna de Ciências Sociais da PUC-SP,*
> *25 anos, paulista, 1999*

Esses depoimentos, em uma análise preliminar, revelam a tradição oral como categoria explicativa. Mais precisamente, a oralidade africana seria responsável pela forma e pelo gostar de lembrar das mulheres negras. Edgar Morin (1991, p. 81), diz:

> *"O processo de cerebralização é ontogenético (quer dizer que a complexificação sociocultural instiga o pleno emprego das aptidões cerebrais); e filogenético (quer dizer, por mutações que produzem novas aptidões que vão começar a ser exploradas pela complexificação sociocultural)."*

Nesse sentido, a tradição oral explicaria o fato de a memória das mulheres negras ser cristalina, detalhista, tanto dos fatos passados, quanto dos mais recentes; e mesmo as situações vividas pelo "outro" são narradas como se tivessem a participação do narrador. Em outras palavras, a herança africana da oralidade instigaria o desenvolvimento da memória que, por sua vez, desenvolve-se de forma a produzir novas aptidões, que serão exploradas pela cultura.

No entanto, outros fatores socioculturais-econômicos além da tradição oral parecem ser responsáveis pela importância atribuída pela mulher negra à sua memória, especialmente, quando uma delas diz: "*ah, eu tenho muitas coisas para te contar, a minha vida sempre foi cheia de coisas boas, ruins, importantes... Lembro de tudo. Eu que fiz tudo!*" (mulher negra, 70 anos, costureira, 2000). Desse modo, torna-se importante reconstruir o cotidiano da mulher negra.

Ainda na África, Pierre Verger, ao remontar a importância da feira, especialmente para os iorubás, mostrava a presença das mulheres como grandes negociantes, sendo que no mercado, comparadas aos homens, as mulheres são maioria. A atividade de troca que ocorre nas feiras parece ser de importância inconteste para as mulheres iorubás, pois elas se submetem à separação de suas famílias: quando jovens, deixam seus lares para ir comerciar em mercados distantes; quando idosas, mandam suas filhas para as feiras importantes e permanecem perto de suas casas com seus tabuleiros ou abrindo pequenas vendas. Evidencia-se que essas trocas realizadas nas feiras tanto podem ser para a subsistência como para alguma acumulação. Nessa última, é importante sublinhar, a mulher não está trabalhando para o seu cônjuge: ela compra a colheita de seu marido, revende-a na feira e fica com o lucro.

Nessa perspectiva, pode-se avaliar a autonomia da mulher iorubá: deixa a própria família, embrenha-se em caminhos distantes para chegar às feiras; compra a produção de seu próprio marido, revende e permanece com o lucro; é, enfim, uma ótima comerciante

> *"(...) a feira como contrapeso da guerra. É onde as etnias que recusam qualquer mistura se encontram e sentem o quanto são complementares, numa interdependência de ordem econômica advinda da especialização do trabalho."*
>
> *(Verger, 1992, p. 138)*

Mas a feira não possibilita somente a complementaridade econômica, ela é o lócus privilegiado de outras trocas, além de bens materiais. Nas feiras trocam-se também bens simbólicos: notícias, modas, receitas, músicas, danças. Estreitam-se relações sociais. Ali são realizadas alianças importantes; ali também ocorrem os namoros, acertam-se casamentos. Percebe-se, assim, que o papel da mulher iorubá vai além do desempenhado nas atividades econômicas. Ela é mediadora, não só das trocas de bens econômicos, como também das de bens simbólicos. O lugar social ocupado pela mulher iorubá, sem sombra de dúvida, possibilita-lhe o exercício de um poder fundamental para a vida africana.

Ao mover o meu foco de análise para a família, apoio-me em Verger, que trata do papel da mulher, ao dizer:

> *"(...) na organização da família iorubá, que é polígama, contrariamente ao conceito que pessoas mal informadas fazem, as mulheres usufruem uma maior liberdade que a que se dá nas uniões monogâmicas. Na grande casa familiar do esposo, elas são aceitas como progenitoras dos filhos, destinadas a perpetuar a linhagem familiar do marido. Mas elas*

nunca aí são totalmente integradas, deixando-lhes esse fato uma certa independência. Após o casamento, elas continuam a praticar o culto de suas famílias de origem, embora seus filhos sejam consagrados ao deus do cônjuge." (1986, p. 275)

Apesar de os dados contidos na afirmação de Verger atestarem a patrilinearidade em relação ao poder religioso (os filhos são consagrados ao deus do cônjuge), a mulher, ao praticar o culto de sua família de origem, está vinculada ao deus paterno: portanto, guarda certa autonomia em relação a seu marido. Se, para algumas interpretações, o casamento de um homem com várias mulheres indica a submissão feminina, pode-se interpretar esse fato preliminarmente como Verger, ao mostrar que a dominação masculina dilui-se entre as várias mulheres. Essa versão, aliada ao dado das "mulheres no mercado", das "ótimas comerciantes" que conseguem amealhar fortunas consideráveis - o que as torna, muitas vezes, mais ricas do que seus próprios maridos, mesmo porque é da competência masculina a subsistência das mulheres e dos filhos -, faz com que a versão vergeriana sobre a poliginia e a autonomia feminina ganhe muito mais sentido. Ainda na África, outras situações vividas pela mulher merecem destaque:

> *"(...) Na organização dos reinos fons e nagô-iorubá, as mulheres desempenharam um papel ativo, eram elas que administravam o palácio real, assumindo os postos de comando mais importantes, além de fiscalizarem o funcionamento do Estado."*
>
> *(Silveira, 2000, p. 88)*

Destaca-se, também, que os daomeanos eram guerreiros terríveis, mas, sobretudo, mantinham uma tropa feminina de elite que amedrontava de longe o inimigo. No século XVIII, as feiras e os mercados iorubás isolados se articulavam em uma grande rede, ao mesmo tempo em que ocorria o processo de urbanização das cidades. Data dessa mesma época a fundação de duas associações femininas importantes: as sociedades Ialodê e Geledé.

A Ialodê era uma associação feminina, cujo nome significa "*senhora encarregada dos negócios públicos*". Sua dirigente tivera lugar no conselho supremo dos chefes urbanos e era considerada uma alta funcionária do Estado, responsável pelas questões femininas, representando, especialmente, os interesses das comerciantes. Enquanto a Ialodê se encarregava da troca de bens materiais, a sociedade Geledé era uma associação mais próxima da troca de bens simbólicos. Sua visibilidade advinha dos rituais de propiciação à fecundidade, à fertilidade, aspectos importantes do poder especificamente feminino.

É interessante notar que essas duas associações femininas estão diretamente referidas às atividades desenvolvidas pelas mulheres nas feiras. Mais precisamente à mulher do mercado, à mediadora da troca, tanto de bens materiais quanto de bens simbólicos, que vieram dar origem, respectivamente, a Ialodê e a Geledé. Percebe-se, assim, que a mulher iorubá, além de deter o saber de usar a autonomia que a própria família poligínica lhe possibilitou, tornou-se a mediadora de bens materiais e simbólicos; e foi, ainda no século XVIII, fundadora de associações femininas importantes.

Não obstante os dados de outras etnias serem esparsos, há alguns fatos que indicam que em Angola, mais especificamente entre os *mbundu*, "*(...) a mulher também ocupava posição de destaque social econômico*" (Pantoja, 2000, p. 81). A poliginia parece ter sido a forma de família existente em grande parte da África negra. A interpretação dada por Verger às mulheres iorubás que viveram a família poligínica é válida para outros grupos africanos. Tanto isto é verdade que Pantoja afirma que "*a poliginia permitia que a mulher tivesse um certo controle sobre os frutos do seu trabalho*" (ibid., p. 82).

As mulheres de Angola, além do trabalho na terra, praticavam a economia de subsistência, participavam também das feiras, não só para trocas de produtos, como obtinham lucro relativo à suas vendas para subsistência. Mas não eram somente boas comerciantes. Nas feiras angolanas, como nas iorubás, as mulheres eram também mediadoras de bens simbólicos. Além disso, destacavam-se no exercício do poder civil e na guerra, como é o caso de Nzinga Mbundu.

Essa volta ao passado africano não tem a pretensão de filiar este estudo às correntes afro-centristas. Esse retorno possibilita simplesmente alcançar uma profundidade histórica à medida que a África é percebida como fonte. Na realidade, o foco de minha análise centra-se na diáspora, movimento pensado, anteriormente, como de mão única, uma vez que o significado da escravidão que emerge no primeiro momento era o de uma viagem sem volta, com o massacre, o desmonte da diversidade cultural africana que aportava no Brasil com seus agentes.

Durante quase cem anos, os estudos que analisaram o negro no Brasil, se não o viam como destituído de tudo, viam-no como mercadoria que, no limite, é quase a mesma coisa. Em outras palavras, o olhar era externo; mais do que isso, era do colonizador, sobretudo do traficante e do senhor. O africano, ao contrário, continuou, tanto como criatura, quanto como criador. Dessa forma, durante a escravidão, na subterraneidade, o "movimento das feiras" ocorria em várias direções, iluminando outra visão da diáspora, anulando o caminho sem volta, de uma única direção. É nessa perspectiva que devem ser entendidos os seus significados: se percebo a diáspora como divisor de águas entre o passado e o presente, entendo também que o seu sentido não e estático; são fluxos, trocas entre o passado e o presente, entre os africanos que permaneceram em sua terra natal, os que vieram para o Brasil, os que chegaram às Antilhas e aos EUA. A diáspora significa necessidade de trânsito em várias direções, de transposições de fronteiras, especialmente das fronteiras de inúmeros grupos étnicos africanos no Brasil.

É nesse sentido que Canevacci afirma: "*a diáspora de etnias tão diferentes realizou de formas imprevisíveis o sentido da palavra de origem grega: uma inseminação aqui e acolá, uma fecundação dispersiva, uma disseminação desordenada*" (1996, p. 8). Na verdade, o autor, ao fazer essa afirmação, não esta somente explicitando o sentido da diáspora, está colocando as bases do sincretismo para a totalidade da cultura. É ainda ele que diz: "*(...) a diáspora é a mãe do sincretismo*" (ibid., p. 8).

Salienta-se também que uma das características fundamentais da diáspora é a criatividade, que permite, de forma às vezes desordenada, fecundações inesperadas. Essa desordem promove, sem dúvida alguma, uma possibilidade sincrética, que estará presente em todas as fecundações culturais, que, por sua vez, estão referidas também a fatores históricos e socioeconômicos. O sincretismo faz-se presente desde o momento em que o africano sai de sua terra natal; fazia parte das estratégias do sistema escravocrata a mistura de diferentes etnias para, assim, evitar rebeliões. Esse procedimento também ocorria na chegada dos africanos ao Brasil: evitava-se a preservarão de um grupo étnico numa fazenda ou em suas proximidades.

Outro fato concreto que aprofundou o sincretismo foi o tráfico interno, que ocorreu em terras brasileiras especialmente a partir de 1850, quando o internacional foi proibido por lei: escravos de regiões onde o ciclo econômico encontrava-se decadente eram vendidos para outras regiões. Essas possibilidades sincréticas ou fecundações inesperadas, frutos da diáspora, são, no limite, as ressignificações que ocorrem, das quais o sincretismo é um dos aspectos fundamentais que pode ser encontrado no cotidiano feminino negro no Brasil. Se, na África, as mulheres ganharam fama como excelentes comerciantes, chegando mesmo a fundar a associação Ialodê, no Brasil essa organização parece ter tido menos importância. Silveira explica a ressignificação do cargo de Ialodê, que veio a ser usado como título para mulheres importantes do Candomblé. "Omoniké, Maria Julia Figueiredo, que sucedeu Marcelina Obatossi na direção do já intitulado Ilê Axé Iyá Nassô Oká, foi a última a ter os títulos africanos de Ialodê e Erelu" (2000, p. 94).

No Brasil, o que era uma associação transformou-se em um título, cuja substância tinha a ver tanto com o comércio, quanto com a religião. Essa mudança não impediu que surgissem as ganhadeiras escravas ou forras, que permaneceram com o mesmo papel de mediadoras tanto de bens materiais, quanto de bens simbólicos. Tanto isso é verdade que no Maranhão, mais precisamente na cidade de São Luis, no século XIX, tem-se a presença de Adelina - a charuteira -, filha de uma escrava conhecida como Boca da Noite e de um rico senhor. A biografia dessa ganhadeira é exemplar e assim é a sua história:

> *Era ainda adolescente quando seu pai e senhor sofreu um revés financeiro, empobreceu e passou a fabricar charutos. Adelina era encarregada das vendas e, duas vezes ao dia, ia para a cidade entregando tabuleiros de charutos de botequim em botequim e vendendo avulso para os transeuntes. Em sua peregrinação por São Luis, procurava parar sempre no Largo do Carmo, onde estudantes do Liceu eram os seus fregueses. Lá, teve a oportunidade de assistir a numerosos comícios abolicionistas promovidos pelos estudantes nas escadarias da escola. Apaixonou-se pela causa e passou a frequentar as manifestações e passeatas em prol da abolição da escravidão.*
> (Schumaker, 2000, p. 23)

A história dessa mulher negra continua:

> "O ofício de vendedora levou Adelina não só a formar uma vasta rede de relações, mas também a conhecer todos os meandros da cidade. Sua facilidade em circular pelas ruas tornou-se seu maior trunfo na luta contra a escravidão, pois possibilitava que os ativistas do movimento se antecipassem

às ações da polícia e articulassem fugas de escravos. Ajudou diretamente alguns a escaparem, como foi o caso de uma escrava chamada Esperança (...)." (id., ibid.)

Adelina, a charuteira, ficou famosa e sua vida consta do *Dicionário das Mulheres do Brasil* (Schumaker, 2000). No entanto, com certeza, as ganhadeiras-escravas ou forras anônimas, à medida que circulavam pela cidade, faziam circular também notícias, informações, músicas, orações... Recriando, no Brasil, o papel feminino de mediadora de bens simbólicos; porém, mais do que isso, articulando escravos e libertos da alienação promovida pelo sistema escravagista. A importância econômica da figura da ganhadeira é atestada pela sua presença em várias cidades brasileiras. Na cidade de São Paulo, a presença das ganhadeiras é narrada por Maria Odila da Silva Dias:

> *"Os observadores contemporâneos também descreveram" negras de tabuleiros sentadas nas calçadas da Rua da Quitanda Velha, durante o dia ou à noite, sob a iluminação fumacenta dos rolos de cera escura, pregados nos tabuleiros ou socados nos turbantes, quando caminhavam lentamente, jogando sombras pelo caminho. (1984, p. 14)*

> *Em 1822, St. Hélaire admirava... 'Aqui as mulheres roceiras que traziam pequenos excedentes para vender na cidade, recusavam-se a pagar o fisco, alegando tratar-se de gêneros de subsistência.' (p. 15)*

> *Em 1854, Ferreira de Rezende observava em frente a sua casa no Caminho do Ó o movimento de roceiras que passavam vendendo ovos, hortaliças e peixes frescos "por tutaméia". (p. 16)*

Kidder, em 1839, descreveu as vendedoras de garapa que traziam potes à cabeça cheios de caninha do Ó. (p. 16)

Roceiras e vendedoras perambulavam, continuamente, sob as vistas das autoridades locais que viam com desconfiança a sua presença assídua nos pousos e nas pontes de acesso dos gêneros alimentícios à cidade. (p. 17)

Algumas chegavam nos seus carros de boi, a pretexto de trazerem pequenos excedentes de suas roças, na verdade, atravessando gêneros para fazer comércio clandestino e iludir o fisco, conforme sucessivas denúncias registradas na Câmara. Outras traziam em seu 'chic' pedras para obras da cidade, ou lenha para o consumo dos moradores. (p. 17)"

Não só na São Paulo se encontravam as ganhadeiras trabalhando, vendendo seus produtos, especialmente gêneros de primeira necessidade para a população pobre da cidade. Em Minas Gerais, Luciano Figueiredo é o informante, ao dizer:

"(...) as vendas se multiplicariam indiscriminadamente pelo território. Estabelecimentos comerciais dotados de grande mobilidade traziam às populações trabalhadoras das vilas e das áreas de mineração aquilo que importava ao seu consumo imediato: toda a sorte de secos (tecidos, artigos de armarinho, instrumentos de trabalho) e molhados (bebidas, fumo e comestíveis em geral). As vendas eram quase sempre o lar das mulheres forras ou escravas que trabalhavam no trato com público. O destaque da presença feminina no comércio concentrava-se nas mulheres que eram chamadas de 'negras de tabuleiro'. Elas infernizavam autoridades de aquém e de além-mar. Todos os rios de tinta despejados na legislação

persecutória e punitiva não foram capazes de diminuir o seu ânimo em Minas e pelo Brasil afora." (1997, p. 145)

Há vários estudos que mostram a presença e a importância das mulheres de tabuleiro na Bahia, das comerciantes femininas, como os de Verger (1992); Landes (1967); Moreira Soares (1996); e, Ferreira Filho (1998). Pierre Verger, ao comparar a rede africana das feiras com as que ocorrem nas Américas, diz:

> *"(...) aqui houve a sua supressão, mas existem feiras locais (diurnas) e os 'tabuleiros' das vendedoras isoladas (diurnas e noturnas). A baiana de turbante, camisa rendada, saias de algodão colorido sobrepostas e pano-da-costa, numa adaptação de vestimenta africana (ou melhor, das africanas muçulmanas) a um novo meio e novos 'patterns' de vestuário, vai, com o tabuleiro sobre a cabeça, coberto, como em terra Nagô, por um pano que protege do sol e das moscas. Vai e se instala num canto da feira local, ou numa calçada, no ponto que lhe pertence de costume, ela senta num banquinho, põe ordem no tabuleiro e vende, aos apreciadores da comida africana, os acaçás, acarajés (...) Em alguns pontos da cidade, à noite, na luz vacilante dos lampiões, um grupo de baianas vende suas comidas ou pequenos objetos de perfumaria, recriando do outro lado do Atlântico a 'feira noturna' dos vilarejos iorubás." (1992, p. 155)*

A recriação da feira em Salvador é comentada também por Cecilia Moreira Soares que, referindo-se às escravas ganhadeiras, diz:

> *"O sucesso das ganhadeiras que se dedicavam à venda de peixe e de diversos gêneros, com renda diária de até 4 mil réis, em 1849, faz crer que souberam desempenhar seu papel muito bem. O sucesso se refletia, sobretudo, no controle que*

as ganhadeiras vieram a ter sobre o comércio varejista de produtos perecíveis." (1996, p. 61)

"(...) a escrava ganhadeira, devido ao sucesso que obtinha nas vendas, podia acumular o excedente em relação à parte paga ao senhor e, assim, comprar a sua própria alforria." (ibid., p. 68)

"Chegaram a comprar a alforria de outros membros de sua família, inclusive a de seus companheiros."
(Bernardo, 1986, p. 32)

É claro que o fato de parte das escravas ganhadeiras ter comprado sua alforria não é o único responsável pela situação de as mulheres negras serem alforriadas antes e em maiores proporções que os homens. Apesar da existência de poucos trabalhos sobre as relações de gênero durante a escravidão, Cunha demonstrou que, em termos de alforria:

"(...) houve discriminações: beneficiava-se primeiro, em extraordinárias proporções, as mulheres. Os estudos até agora revelavam proporções da ordem de 66% de mulheres libertas para apenas 34% de homens em Parati, entre 1789 e 1822; 58,6% e 69,6% para Salvador e zona rural da Bahia, respectivamente, no período de 1684-1745, entre 53% e 57,6% em Salvador para o período de 1799-1850, 59,9% ainda em Salvador, se tomarmos o período 1817 a 1888; enfim, 64% na cidade do Rio de Janeiro, entre 1807 e 1851." (1985, p. 41)

E ainda:

"(...) essas disparidades são maiores se for levado em conta que a proporção dos sexos na população escrava pendia for-

temente para os homens, vistos como economicamente essenciais." (id., ibid., p. 41)

As escravas ganhadeiras podiam comprar a alforria. No entanto, a partir de 1871, com a Lei do Ventre-Livre, foi permitido à escrava formar um pecúlio. Essa poupança parece estar diretamente referida à afirmação de Giacomini (1988, p. 15), de que:

"A expressão família escrava não aparece em nenhum momento nas fontes pesquisadas, nem mesmo na legislação referente aos escravos e sua prole. Pelo contrário, na legislação referente e nos projetos de lei sobre escravidão, nos momentos em que se fez referências à relação entre escravos, eram utilizadas expressões como filhos de escravos e mãe escrava."

Parecer e Projeto de Lei (Lei do Ventre-Livre) de 1870 referiam-se à família.

"7ª - Providências para manter a integridade da família, estabelecendo que, no caso da libertação das escravas, os filhos menores de oito anos acompanharão suas mães (art. 6º, § 6º) e ampliando-se a disposição do artigo 29 da Lei nº 1.695 de 15 de setembro de 1869, a qualquer caso de alienação ou transmissão (art. 6º, § 11)." (apud Giacomini, 1988, p. 15)

Pelo projeto de lei, *"(...) verificava-se que a legitimação da família negra se referia à mulher e seus filhos"* (Bernardo, 1998, p. 61). Aqui se encontra a causa de se facultar à escrava ganhadeira o pecúlio, que deveria ser utilizado com os seus filhos. Na realidade, no momento em que passa a vigorar essa lei, as crianças nascidas a partir dessa data não são mais escravas, mas são filhas de escravos. A época dessa lei foi marcada pelo pânico. O medo se reflete em uma notícia do Diário do Rio de Janeiro, em 1871:

"O que ficara sendo a escravidão? Qual será a autoridade, a posição do senhor, quando o escravo puder, perante ele, invocar os seus direitos em relação à propriedade, em relação à família, quando puder exigir dele a sua emancipação em nome da lei? (...) Não cogitou (o governo) que, se concede ao escravo o direito da sucessão ativa e passiva, é mister conferir-lhe o uso e o exercício ativo e passivo de todas as ações que nasceu do direito de família, que regulam as sucessões e a transmissão de herança? Concebe alguém que, sem completa anarquia, os escravos possam mover ações em juízo, como autores e como réus, que possam demandar legados e heranças que possam mover ações de filiação?" (apud id., ibid.)

As crianças nascidas no pós-Ventre-Livre tornaram-se uma ameaça tão grande aos senhores que a possibilidade de pecúlio para a mãe escrava simplesmente suavizava o pânico e o prejuízo do senhor. Assim, se a reprodução escrava, anteriormente, era vista de maneira absolutamente positiva, a partir de 1871 a criança negra torna-se um peso difícil de desvencilhar. A Lei do Ventre-Livre, com o seu pecúlio, nada mais fez do que acentuar uma forma alterativa de família, que tem suas origens na diáspora e seus desdobramentos na escravidão e no pós-abolição. Se, na África, as mulheres viviam com seus respectivos filhos em casas conjugadas à grande casa do esposo, num sistema poligínico, no Brasil rompeu-se a relação da mulher com o homem, permanecendo a mãe com seus filhos, florescendo a matrifocalidade.

Essa forma alterativa de família está diretamente relacionada à autonomia feminina, que veio sendo conquistada desde a África, onde as mulheres foram as principais responsáveis pela rede de mercados que interligavam todo o território iorubá, com experiência de excelentes comerciantes, atribuída também às mulheres brancas. Essas atividades comerciais recriadas no Brasil, ainda na época da escravidão, fazem com que surjam as ganhadeiras, escravas ou livres, que em muitas regiões tornam-se as responsáveis pela distribuição dos principais gêneros alimentícios, chegando a comprar a própria alforria, numa forma de liberdade que, por sua vez, beneficiou muito mais as mulheres, que eram menos necessárias à produção sobre a qual o sistema escravocrata estava constituído. Assim, as mulheres negras, comparadas com seus parceiros, tiveram melhores oportunidades de trabalho, construindo brechas no mercado de trabalho livre que então se formava. Continuaram a ser ótimas comerciantes; foram também amas, lavadeiras, cozinheiras; chegaram a ser também operárias das primeiras fábricas no início do processo de industrialização em São Paulo[7].

Desse modo, a matrifocalidade, como forma alterativa de família, parece fazer parte dos fluxos, das trocas constituídas na diáspora. Tanto para a mulher africana, quanto para a afrodescendente, a matrifocalidade, aparentemente, não foi só uma imposição da escravidão e do pós-abolição com a consequente marginalização do homem negro no mercado livre durante as primeiras décadas do século XX, que lhe impossibilitava assumir a chefia familiar. A mulher negra parece viver a matrifocalidade de forma diferente das mulheres brancas. Em minhas pesquisas anteriores, assim como na atual, pude verificar que, para essas mulheres, a matrifocalidade não é encarada como sofrida, pesada; pelo contrário, acentua sua autonomia, traz satisfação. A respeito dessa temática, três mulheres negras, de origens, profissões e gerações diferentes revelam aspectos importantes de suas vidas:

> "Dinheiro do pai das crianças? Você está louca. Dos homens não quero nada"
>
> *Mãe-de-santo, 40 anos, baiana, 1986;*

---

[7] Os dados sobre as mulheres negras operárias no início do século XX em São Paulo parecem ser inéditos e foram "achados" por meio da pesquisa "Sexualidade e afetividade em espaços negros: uma interpretação feminina", da Fala Preta!

> *"Não vou dizer que não tive companheiro. Tenho vários filhos. Esta casa é minha, fui eu que sempre mandei"*
> Costureira aposentada, 75 anos, paulista, 1993;

> *"Nunca casei, tive duas filhas que também nunca se casaram; mas a minha família é grande, tenho além das duas, quatro netos - aquelas duas do retrato são minhas netas - e seis bisnetos"*
> Feirante aposentada, 86 anos, mineira, 2000.

Klaass Woortman, ao estudar a matrifocalidade na Bahia, obteve dados semelhantes aos meus:

> *"Um fato que merece menção é o de que a proporção de díades maternas em minha amostra é mais alta que nas de Hammel. O fato pode ser devido à diferença de amostragem, mas pode também ser devido às diferenças culturais entre as duas populações. Não disponho de informações relativas à ideologia familiar das comunidades peruanas estudadas por Hammel, mas podemos recordar que muitas mulheres na Bahia não desejam casar-se como foi observado por Landes e que elas podem facilmente despedir seus companheiros, caso estes não correspondam às expectativas. Algumas mulheres declararam que prefeririam receber visitas (...) A mesma liberalidade também é parte das atitudes dos homens, eles preferem deixar a casa se a mulher começa a ficar muito mandona ou reclamona."* (1987, p. 123)

Mas não é só no Brasil que afloram dados positivos sobre matrifocalidade. Kathryn Morgan conta, sobre a história de sua família:

> "Caddy (bisavó de Kathryn) casou-se com o Sr. Gordon. Casar-se naquele tempo não era como nos dias de hoje. Caddy nunca se preocupou em procurar um pastor ou qualquer outra coisa. Bastava que duas pessoas desejassem se casar. Seja como for, Caddy queria um sobrenome para os seis filhos e o Sr. Gordon tencionava dar-lhes o seu (...) Caddy logo separou-se. Trabalhou duro e economizou. Um dia ouviu dizer que o Sr. Gordon tinha se metido em alguma encrenca e seria levado para a prisão. Caddy foi ao banco. Foi diretamente para o tribunal. Parou diante do juiz, alcançou o dinheiro por baixo da saia e colocou-o sobre a mesa. Ela disse: 'juiz, eu não quero nenhum preto, com nome dos meus filhos, indo para a cadeia, então vim aqui pagar a sua fiança' (2002, p. 41)

Os achados de Woortman, os de Landes e os meus, no Brasil, assim como os de Morgan nos EUA, sugerem elementos culturais na matrifocalidade vivenciada pelas mulheres negras que viveram a diáspora. Ainda sobre a vida familiar negra norte-americana acima relatada, Scruggs afirma: "*a experiência cultural dos Gordons teve muito em comum com a de centenas de milhares de famílias negras*" (2002, p. 113). Parry Scott, ao discutir como o homem e a mulher vivem a matrifocalidade, diz:

> "*Esse termo identifica uma complexa teia de relações montadas a partir do grupo doméstico, onde, mesmo na presença do homem na casa, é favorecido o lado feminino do grupo. Isso se traduz em: relações mãe-filho mais solidárias que relações pai e filho, escolha de residência, identificação de parentes conhecidos, trocas de favores e bens, visitas etc., todos mais fortes pelo lado feminino; e também na provável existência*

de manifestações culturais e religiosas que destacam o papel feminino." (1990, p. 39)

Na definição de matrifocalidade acima emergem elementos culturais que, no caso aqui estudado, foram criados durante a escravidão e mesmo no pós-abolição, além das ressignificações das experiências africanas. Na África, a família poligínica propiciava relações mais estreitas entre mãe e filhos do que aquelas entre o pai e seus filhos, inclusive porque os filhos moravam com sua mãe em casas conjugadas à grande casa do esposo, que vivia com a esposa principal e seus filhos. O fato de viverem em casas conjugadas significa, no limite, que as diferentes esposas, com seus respectivos filhos, viviam em casas separadas da casa do esposo,

Por outro lado, Verger mostra que a família poligínica dilui a dominação masculina encontrada nas uniões monogâmicas. Na primeira, "*(...) as mulheres não são totalmente integradas, deixando-lhes este fato uma certa independência*" (1992, p. 99). O mesmo autor, ao comentar as relações sociais que ocorrem no interior das famílias poligínicas, diz: "*nas grandes famílias, o entendimento é em geral mais cordato entre os filhos de uma mesma mãe do que entre aqueles que têm um pai comum, mas mães diferentes*" (ibid., p. 100). Esse comentário de Verger ganha mais sentido se aliado as seguintes informações de Lawal, sobre a situação feminina:

> "*Desde que as mulheres no papel de mãe são idealizadas como amorosas, carinhosas e irrevogavelmente comprometidas com a proteção das vidas que elas trouxeram ao mundo, é irônico que essas mulheres sejam também acusadas de feitiçaria. De acordo com Peter Morton-Wilhams, a identificação de feitiçaria com as mulheres pode estar relacionada com a poligamia típica dos iorubanos, em que há rivalidades, ciúmes mútuos e suspeitas; de um lado, encontra-se a co-esposa e*

seus filhos e, de outro, co-esposas e os parentes de seu marido. Sob essa atmosfera as mulheres demoram para engravidar, abortam; as desgraças, os infortúnios surgem como atos engendrados pelas outras co-esposas ou parentes hostis do marido. Essas suspeitas desenvolvem-se em uma permanente 'guerra-fria' em que todos participam dos rituais de proteção ou de agressividade. Em uma situação como essa uma mulher pode ser compelida a desenvolver os poderes ocultos para proteger tanto seus filhos como a si mesma." (1996, p. 32)

A interpretação desses fatos ilumina o estreitamento das relações entre mães e filhos, em detrimento das relações paternas. Na verdade, o que transparece é que os filhos gravitam em torno da mãe em uma interdependência totalizadora; inclusive o conflito entre irmãos filhos do mesmo pai e de mães diferentes dá indicativos nessa direção. Sobretudo a existência de uma verdadeira "guerra-fria" entre parentes, em que a mãe encontra-se sempre ao lado de seus filhos para protegê-los, faz com que ela desenvolva poderes ocultos, transformando-se em feiticeira, indicando que as situações de conflito vividas pela mãe com seus filhos possibilitam o desenvolvimento de sentimentos maternos de tal monta que se chega à feitiçaria como forma de proteção.

Na discussão entre instinto e sentimento, chamo Morin para fortalecer meus pensamentos, pois penetro em um território sagrado para o mundo ocidental, o do amor materno:

"A cultura insere-se completamente na regressão dos instintos (programas genéticos) e na progressão das competências organizacionais, reforçada simultaneamente por essa regressão (juvenilizante) e por essa progressão (cerebralizante) necessária a esta e aquela. Ela constitui um 'tape-recorder', um capital organizacional, uma matriz informacional, apta a nutrir as competências cerebrais, a orientar estratégias heurísti-

cas, a programar os comportamentos sociais. As aptidões substituem os programas estereotipados ou instintos, (...) mas elas só podem operacionalizar-se a partir da educação sociocultural e num meio social complexificado pela cultura." (1991, p. 85)

Ao concordar com Morin, Jacques Rufie comenta:

"Os psicólogos conhecem de sobra a importância que tem a educação no patamar humano. Ambiente social, escolarização, grau de civilização do grupo distinguem muito mais os indivíduos que o seu simples estoque genético (...) Entre o nômade saariano e o engenheiro do petróleo há um universo de permeio. Entre ambos existe, no entanto, uma espantosa identidade biológica." (1995, p. 119)

É nessa perspectiva que entendo o desenvolvimento do sentimento materno entre as africanas. Em outras palavras, esse sentimento não é o instinto. No *sapiens*, tem-se a regressão instintual e a emergência de aptidões que se desenvolverão mais ou menos de acordo com a cultura através do processo de socialização. Não há dúvida de que as diferentes formas de família, com suas normas, fazem parte da diversidade cultural. Assim, a poliginia parece possibilitar o desenvolvimento de sentimentos maternos diferenciados em relação à monogamia. Nesta última, a relação com o pai é mais próxima, pois existe a possibilidade de cuidados com a prole. Tanto é que a partir da prática psicanalítica desenvolvida em uma clínica neuropsiquiátrica na África Ocidental, no período de 1962 a 1986, Ortigues e Ortigues (1984) revelam que na cultura africana é a mãe que se relaciona corpo a corpo com a criança, sem intermediários. Assim, no *sapiens*, tem-se a "(...) *aptidão natural para a cultura e a aptidão cultural para desenvolver a natureza humana*" (Morin, 1991, p. 85).

Esse aspecto, o do sentimento materno, envolve uma proteção sem limites entre as africanas, fazendo com que se transformem em feiticeiras para salvaguardar a si mesmas e a seus filhos. É claro que não são todas as mulheres africanas e suas descendentes que viveram a matrifocalidade. Robert Slenes encontrou relações monogâmicas entre os escravos na região de Campinas, no estado de São Paulo:

> *"Tal família deve sua existência à relação peculiar entre Estado, Igreja e Sociedade, além de ter incidido diretamente nas taxas de nupcialidade, também teria mantido ou fortalecido um clima ideológico no seio da elite favorável à ideia de casamento religioso como instituição benéfica e moralizadora para todas as classes sociais." (1999, p. 91)*

Percebe-se, assim, que a construção da família e os sentimentos que a envolvem tem a ver com as relações socioculturais, políticas e econômicas. "*No entanto, ironicamente, sempre cada sistema de parentesco é visto no seu próprio contexto como natural ou sagrado*" (Maynes, 1996, p. 3). A sociedade brasileira, ou melhor, o Ocidente, sacralizou tanto a família monogâmica quanto o amor materno, que também é visto como instintivo e, portanto, natural. É nesse sentido que concordo com Badinter, quando diz:

> *"Ao percorrer a história das atitudes maternas, nasce a convicção de que o instinto materno é um mito. Não encontramos nenhuma conduta universal e necessária da mãe. Ao contrário, constatamos a extrema variabilidade de seus sentimentos, segundo sua cultura, ambições e frustrações. Como então não chegar à conclusão, mesmo que lhe pareça cruel, de que o amor materno é apenas um sentimento e, como tal, essencialmente contingente." (1985, p. 367)*

As características de proteção e afeto maternos intensos, acrescidas à característica de provedora, que a mulher africana e afrodescendente também detém, como foi discutido anteriormente, possibilitam a vivência da matrifocalidade na sociedade brasileira. No entanto, todos esses aspectos culturais, socioeconômicos e históricos listados não explicam somente a ocorrência de um tipo de família, mas dão indícios fundamentais para o entendimento do fato peculiar de a mulher surgir como a detentora do poder religioso, a grande sacerdotisa do Candomblé. Assim, a definição de matrifocalidade discutida por Scott se completa. Em suas palavras: *"(...) é também na provável existência de manifestações culturais e religiosas que destacam o papel feminino"* (1990, p. 38).

Para iluminar ainda melhor este fato - o da chefia feminina -, torna-se importante destacar alguns fatores que foram incisivos para que a mulher viesse a ocupar o ápice da hierarquia religiosa, além dos outros, que foram listados no trajeto feminino da África para o Brasil. As mulheres africanas pertencentes às etnias fons e iorubás exerceram em seus respectivos reinos um poder político importante. É claro que no presente da escravidão esse poder teve que ser resinificado. Na realidade, é totalmente contraditório com a situação de escravo o exercício de qualquer poder no plano do real. Assim, pode ter ocorrido uma transformação: se não existiam condições de exercício do poder real, exercia-se no plano do imaginário, através da religião.

No Candomblé baiano há fatos que favorecem a minha interpretação:

> *"A iyalorixá Omoniké, Maria Julia Figueiredo, que sucedeu Marcelina Obatossi na direção do já então intitulado Ilê Axé Iyá Nassô Oká, foi a última a ter os títulos africanos de Ialodê e Erelu. Isto nos leva a representação das mulheres nagô-iorubás da Bahia. Omoniké era Provedora-Mor da de-*

> *voção de Nossa Senhora da Boa Morte, fundada pela ala feminina da Irmandade dos Martírios na década de 1820 e sincretizada com a sociedade Geledé. Na Bahia, a iyalorixá da Casa Branca, a Ialodê Erelu, a Ialodê da Geledé e a Provedora-Mor chegaram a ser a mesma pessoa, isto é, a representante suprema das mulheres nagô-iorubás com direito a assento no Aramefá da Casa de Oxóssi."*
>
> *(Silveira, 2000, p. 93)*

Desse modo, as informações de Renato da Silveira indicam que o poder feminino resignificado no Brasil passou para o âmbito religioso. Na verdade, quem vai receber o titulo de Ialodê é a iyalorixá Omoniké - Maria Julia Figueiredo. Além disso, ela concentrou em suas mãos o cargo de Provedora-Mor da Irmandade da Boa Morte, o da principal sacerdotisa do Terreiro da Casa Branca e, também, o de ialaxé das Geledés. Essa concentração de poder desnuda, de um lado, o poder da mulher, pois todas essas organizações são femininas; de outro lado, mostra a interpenetração entre a Geledé, a Irmandade da Boa Morte e o Candomblé.

Outro aspecto que deve ser destacado para iluminar o fato de a mulher vir a ser a sacerdotisa-chefe do Candomblé diz respeito à densidade do sentimento materno na africana. Esse sentimento, por sua vez, tem muito a ver com a noção de Terra-Mãe, comentada por Morin:

> *"A Terra-Mãe como metáfora só virá a florescer em toda a sua extensão nas civilizações agrárias, já históricas, o trabalhador Anteu colhe sua força no contato com a terra, sua matriz e horizonte, simbolizada na Grande Deusa (...) onde jazem seus antepassados, onde ele se julga fixado desde sempre. Com esta fixação ao solo, virá impor-se a magia da terra natal, que nos faz renascer porque é nossa mãe (...) É bem conhecida a dor do banido grego ou romano que não terá*

ninguém que lhe continue o culto como ficará separado para sempre da Terra-Mãe." (1988, p. 114)

A África contém para os escravos do Brasil todas as características da Terra-Mãe de que fala Morin:

"Era dela que o africano retirava o alimento com os seus diferentes significados para a totalidade de sua vida, é nela que se encontram enterrados os seus antepassados e onde ele pensa em permanecer, pois é a sua terra natal."

(Bernardo, 1997, p. 108)

Mas, além de o africano não permanecer na sua terra de origem, defrontou-se com a escravidão. Assim, se no plano do real a situação não valia a pena ser vivida, devia existir compensação. É no plano do simbólico e do imaginário que se encontram as respostas para resistir. Nesse sentido, torna-se importante evidenciar a diferenciação feita por Jung entre Pátria e Terra: *"a pátria supõe limites, isto é, localização determinada, mas o chão é solo materno em repouso e capaz de frutificar"* (1993, p. 39).

É no solo brasileiro que frutificará o Candomblé, a terra-mãe como metáfora para os africanos e seus descendentes. Se o Candomblé representa a terra-mãe, que, por sua vez, possui os seus significados ligados ao feminino, essa expressão religiosa, ao representá-la, ganha todas as suas significações. É nesse sentido que a grande sacerdotisa do Candomblé é chamada de mãe-de-santo. Essa denominação não é casual, Jung afirma:

"É a mãe que providencia calor, proteção, alimento, é também a lareira, a caverna ou cabana protetora e a plantação em volta. A mãe é também a roça fértil e o seu filho é o grão divino, o irmão e amigo dos homens, a mãe é a vaca leiteira e o rebanho." (1993, p. 39)

Na verdade, Jung está pontuando as características do arquétipo da mãe, no qual estão incluídos sentimentos que, nas africanas e suas descendentes, foram tão intensificados a ponto de levar essas mulheres a se tomarem feiticeiras para proteção de seus filhos. A possível ampliação desses sentimentos foi uma das causas que tornou plausível a mulher viver a matrifocalidade, tanto na família consanguínea, como na de santo. Tanto isso é verdade que os primeiros terreiros de que se tem notícia, datando dos séculos XVIII e XIX, são os Candomblés de origem iorubá, cuja chefia é feminina. Mas não apenas os Candomblés baianos foram fundados por mulheres. Em São Luis (MA), tanto o Tambor de Mina, quanto a Casa de Nagô possuem nas suas origens o feminino. O primeiro foi fundado por Maria Jesuína, africana do Benin; Josefa e Joana, vindas de Abeokuta, fundaram a Casa de Nagô (Ferreti, 1996).

Dessa forma, percebe-se que a troca do poder religioso entre os sexos, atribuída por Gilroy à diáspora, pode ser melhor explicitada recolocando a noção de Terra-Mãe, iluminando a necessidade da mãe, da mulher, da proteção feminina para os africanos ao deixarem a sua terra natal - a África. Ainda sobre a mulher negra, a figura da "mãe-preta" deve ser ressignificadas, pois:

> *"(...) era enfocada sob essa ótica racista e bestial, ou seja, pela eventualidade de sua serventia de fêmea, objeto de uso doméstico como ama-de-leite no mundo dos brancos, depois por eles chamada, pateticamente, pela alcunha de mãe-preta, como um mecanismo psicológico de compensação, esse tipo de mulher era apreciado pelo aconchego da corpulência dos seus seios fartos, de uma maternidade bem-sucedida que determinaria a sua escolha para escrava dos cuidados e da amamentação dos filhos da família, herdeiros da casa grande."*
>
> *(Castro, 1990, p. 1)*

Pode ser que o termo "mãe-preta", utilizado pela "gente da casa grande", nada mais foi que um mecanismo psicológico de compensação. No entanto, parece que não foi somente o critério da "corpulência dos seios fartos" que fez com que o racista, por mais bestial que fosse, fizesse da mulher negra a ama-de-leite dos seus filhos. Ele certamente percebeu que naquela mulher havia sentimentos que fariam muito bem à sua prole. A ideia de mãe-preta, assim ressignificadas, é muito pertinente - não é por acaso que Iemanjá é considerada a grande mãe dos brasileiros.

MULHERES DAS ÁGUAS E DA TERRA

Iemanjá, a grande mãe dos brasileiros, é personagem de mitos, lendas, músicas e poesias. É cultuada nas praias brasileiras em diferentes datas: 2 de fevereiro, em Salvador; 8 de dezembro, na Praia Grande (São Paulo); 31 de dezembro, nas praias de quase todo o litoral brasileiro.

Os escritos sobre tão famosa e formosa mulher encontram-se em todas as décadas, de 1930 a 2000. Em 1934, Arthur Ramos, em Negros brasileiros, dedica-lhe um capítulo intitulado: "*O ciclo da mãe: os mitos das águas*". Na análise, Iemanjá, ao representar a água, ganha o significado de nascimento-renascimento. Além disso, mostra que em sânscrito as palavras água e mãe têm o mesmo significado. Em iorubá, Iemanjá significa mãe dos peixes.

Nos rituais que celebram Iemanjá, quase sempre a grande deusa é presenteada com objetos de beleza, como sabonete, pente, pó-de-arroz, talco, perfume, laços de fitas, ramalhete de flores. Tais presentes indicam que quem os recebe, além de feminina, é vaidosa. Ramos ilumina, ainda, o sincretismo que Iemanjá vive com o catolicismo; no caso, Nossa Senhora do Rosário. Nesse sincretismo destaca-se a imagem de mãe protagonizada por Iemanjá - a mãe da água, a mãe dos negros. Nos Candomblés de caboclo, ainda segundo Ramos, ela se torna sereia: metade peixe, metade mulher, linda e de cabelos longos. Mas além de sereia, Iemanjá tem a imagem de bela mulher, cujo significado parece estar associado ao de mãe inacessível que se transmuta em mãe protetora. Tanto as representações de mãe distante, quanto as de mãe aconchegante encontram-se em todos os Candomblés da Bahia. Outro sincretismo, originado do encontro da Iemanjá africana com a Iara indígena, indica que a mãe d'água recebeu influência decisiva de Iemanjá.

As análises dos sincretismos realizadas por Ramos parecem, sob a influência de Jung, apontar para a generalização da ideia de que a existência de crenças ligadas à água é universal. Vale a pena ressaltar também que, para Arthur Ramos, foi Iemanjá quem trouxe consigo para o Brasil todas as outras deusas. É do mesmo ano de 1934 uma pequena etnografia, de autoria de Edison Carneiro, denominada *Presente à mãe da água*. Ao subtrair dos dados apresentados por Carneiro os já analisados por Ramos, evidencia-se a qualificação de Iemanjá como "mulher fatal", à medida que os presentes que recebe refletem esse modelo feminino.

Jorge Amado, em 1935, também dedicou um belíssimo capítulo de Mar morto à grande deusa - "A Iemanjá dos cinco nomes". Iemanjá é o verdadeiro nome da deusa, mas os canoeiros a chamam de Dona Janaína, os pretos a chamam por Inaié ou pedem para a Princesa de Arouca. As mulheres da vida, as casadas e as que esperam marido a chamam de Dona Maria. A deusa é o mar, é a mãe d'água, a dona do mar, temida e desejada; mãe e ao mesmo tempo esposa; furiosa e calma. Essa última contradição, mais precisamente a de Iemanjá furiosa e calma, mãe e ao mesmo tempo esposa, é explicada no mito em que as águas, cuja dona é Iemanjá, nasceram quando seu filho Orugã a violentou. Orugã é fruto do relacionamento sexual de Iemanjá com o seu irmão Aganju. Apesar de Orugã ter rodado o mundo, não conseguia esquecer sua bela mãe das águas, que morava no cais perto do Dique, na Bahia. Um dia, Orugã, repleto de desejo, cometeu o incesto com a própria mãe. Iemanjá fugiu horrorizada; seus seios romperam e surgiram as águas. De seu ventre fecundado pelo filho nasceram os Orixás. Iemanjá é mãe e esposa. Ela ama os homens do mar e os protege. Mas quando os deseja, ela os mata e torna-os seus esposos no fundo do mar.

Depois do texto de Amado, o pequeno ensaio de Edison Carneiro, de 1937, denominado "Dona Maria", ganha mais sentido. O autor, ao tratar dos muitos nomes que denominam a mesma deusa, procura desvendar as causas da popularidade de Iemanjá entre seus adeptos. Na verdade, o nome Dona Maria indica que Iemanjá não é só popular, mas é íntima. Em outras palavras, ela mantém relações de intimidade com seus crentes e admiradores. Para Carneiro, a popularidade de Iemanjá está não só nas relações de intimidade que mantém com seus adeptos, mas, sobretudo, no terror que ela infunde, bem como em seus mistérios impenetráveis. Amor e medo, coisas de mãe na sociedade tradicional e coisas dos deuses. Em 1940, Iemanjá viaja para os Estados Unidos, e Ruth Landes, em *Fetish Worship in Brazil*, escreve sobre a deusa. Em 1950, Edison Carneiro traduziu o estudo e o publicou com o titulo "Deuses africanos", na *Antologia do negro brasileiro*. Para Landes, Iemanjá é a esposa mais jovem e querida de Oxalá, tem os seios fartos, é sexualmente ardente. As mulheres sempre a procuram, principalmente as mais gordas. Landes reconhece em Iemanjá a *mommy* norte-americana.

Em 1954, como os deuses gostam de viajar, Pierre Verger escreveu *Dieux d'Afrique*, publicado em Paris. Esse trabalho ilumina as relações entre a Iemanjá africana e a brasileira. Na Nigéria, Iemanjá mora em Abeokuta, no Rio Ogum. É a mãe de todos os Orixás, não necessitando de um Orixá masculino complementar. No Brasil, Iemanjá representa as águas salgadas, o mar; e é sincretizada com Nossa Senhora da Conceição e Nossa Senhora do Rosário. Tanto na África, quanto no Brasil, Iemanjá simboliza a maternidade. As esculturas mostram-na grávida, com os seios fartos. Sobre essa característica da deusa, existem mitos e lendas que narram a nossa mãe de maminhas chorosas. Em 1958, Iemanjá continuava em Paris. Roger Bastide publicou *Le Candomblé de Bahia*. No Brasil, o livro foi publicado em 1961. Bastide, diferentemente de Landes, observa que as cores que representam Iemanjá são rosa e azul claro. No entanto, esse autor especifica outros elementos que identificam a deusa - o metal que a representa é a prata; ela come pombos e ovelhas; sua natureza é o mar.

Desse modo, ela regula a vida dos pescadores porque está intimamente ligada aos peixes e à pesca. Devido a esse fato, Bastide explica o "Candomblé de brincadeira" (2001, p. 98) realizado pelos pescadores que oferecem presentes à grande deusa antes do início da estação da pesca, sem, no entanto, entrar em transe.

Em 1973, Iemanjá, de volta ao Brasil, é personagem do livro de Zora Seljan: *Iemanjá, mãe dos Orixás*. Nessa obra, a autora mostra informações coletadas sobre sua protagonista de uma maneira abrangente, mas, às vezes, superficial: vai desde as análises realizadas por Bastide, Verger e Cascudo, passa pelos mitos e lendas e termina mostrando, através dessas últimas, a existência da mãe-d'água em todas as regiões brasileiras. Zora não precisou analisar as narrações; o leitor, por si mesmo, chega a essa conclusão à medida que a mãe-d'água - Iemanjá - emerge na seca nordestina, no Rio Grande do Sul, em Minas Gerais, na Amazônia, no Rio de Janeiro, em Parati, Búzios e Cabo Frio, em Pernambuco, São Paulo, Brasília e Bahia.

Ao estudar o Xangô em Recife, Rita Laura Segato, em 1995, escreveu "*A vida privada de Iemanjá e seus dois filhos: fragmentos de um discurso político para compreender o Brasil*". Nesse estudo, Segato apoia-se no mito que narra as relações entre Iemanjá e seus filhos, Ogum e Xangô, na disputa do poder. A análise do mito revelou que Iemanjá, além de ter uma predileção por Xangô, instaura uma ordem que é a do privilégio, em detrimento da justiça. Quem deveria ser coroado e reinar era Ogum, e não Xangô. No entanto, apesar de a Grande Mãe inicialmente desconhecer o plano de Xangô para usurpar o poder de Ogum, quando enfim o descobriu, omitiu-se. Seu desempenho foi meramente convencional, não correspondendo às aspirações legítimas do primogênito. Segato também observa a ausência do pai. A relação de Iemanjá com seus dois filhos se desdobra em outras relações com outros deuses e deusas, revelando que não e o esforço nem a previsão que assegura a fortuna; a lei não se orienta pela verdade, o charme é a garantia do sucesso, a sabedoria e o bem são inoperantes.

Monique Augras, em 1989, analisa a imagem de Iemanjá que já mostra ter sofrido um processo de moralização realizado pela Umbanda. Mais precisamente, essa expressão religiosa parece dar sinais de haver uma transformação da imagem de Iemanjá em andamento. Em 1991, Pedro Iwashita publicou *Maria e Iemanjá: análise de um sincretismo*. Ao estudar as duas deusas, mostrou que são duas faces do mesmo arquétipo. No entanto, provavelmente para não parecer racista, não confronta Maria diretamente com Iemanjá, mas interpõe uma terceira deusa, Ísis, a grande mãe do Egito Antigo, distante da realidade aqui tratada e, portanto, figura neutra para o debate atual.

Na realidade, Iwashita utiliza-se do mesmo recurso dos autores de *The Bell Curve*, Herrnstein e Murray. Mais precisamente, os autores norte-americanos, ao comparar o desempenho escolar de brancos e negros, introduzem os asiáticos, para que não haja confronto direto. É nessa perspectiva que Iwashita se utiliza de Ísis[8] como artifício no debate cujo foco são Nossa Senhora e Iemanjá. Ao comparar Ísis e Maria, o autor percebe que Ísis conserva a unidade dos opostos, isto é, reúne os aspectos positivos e negativos. Maria, pelo contrário, é só luz. Ao comparar Ísis com Iemanjá, o autor comenta que a deusa egípcia é apelidada de negra, como a deusa afro-brasileira, que também é negra. As duas reúnem aspectos positivos e negativos, de acordo com a divisão mani-

---

8 Em 1994, houve um grande debate sobre o livro A curva do sino. Sem dúvida, Hermstein e Murray foram considerados racistas, tanto pela imprensa norte-americana, quanto pela brasileira. A utilização do artifício asiático na época foi um dos itens mais comentados. Fiz a resenha na revista Margem, São Paulo, 1994, n. 4, pp. 169- 170.

queísta do mundo ocidental; portanto, exercem o papel de sombra. Assim, para Iwashita, em sua análise preconceituosa, o confronto entre Iemanjá e Maria salienta o fato de a deusa afro-brasileira ter um papel de sombra em relação ao arquétipo de Maria, que é luminoso. Dessa forma, a luz de Maria e a sombra de Iemanjá se completam.

Clodovis Boff, em 1995, também escreveu sobre o sincretismo no livro *Nossa Senhora e Iemanjá: Maria na cultura brasileira*. Para o autor, Aparecida tornou-se "*um elo de ligação entre o povo e o clero*"; sob a invocação dessa Nossa Senhora, as oposições na Igreja se harmonizaram. Assim, a Igreja em harmonia inclui e integra a diversidade representada pela coexistência de Aparecida, Iemanjá e Oxum. Boff não explicita, mas a coexistência parece estar referida ao fato de as três terem relação com a água. Da ideia de coexistência o autor passa à de sincretismo entre Maria e Iemanjá, a qual, no limite, representa o encontro entre Maria e a cultura brasileira, do catolicismo com as religiões afro-brasileiras.

Armando Vallado, em 1999, debruça-se sobre Iemanjá e faz uma etnografia detalhada, expondo o trajeto da deusa da África para o Brasil, os seus ritos, as festas públicas que celebram a grande deusa, os significados dos nomes dos filhos de Iemanjá, os significados da deusa para os iniciados ou não iniciados e suas representações na música popular brasileira.

Em 1999, Lizy Sallum, em "*Por que são de madeira essas mulheres d'água?*", analisa algumas estátuas consideradas de Iemanjá. A discussão se desnuda sobre as origens dessas estátuas que se encontram no Museu de Arqueologia e Etnologia da USP, em São Paulo. A análise da documentação revela que pelo menos duas das estátuas foram encomendadas por Pierre Verger, na Bahia, para constarem das coleções dos museus de São Paulo e de Salvador. E há, ainda, o mito de que "são de Xangô as peças de madeira" (Prandi, 2000, p. 289). Dessa forma, Lizy pergunta e exclama: "*são de madeira porque de madeira são os assentamentos de Xangô?!*".

Jette Bonaventure, também em 2000, em *Variações sobre o tema mulher*, procura encontrar aspectos femininos semelhantes em contos populares sobre as grandes mães originarias de culturas diferentes. Entre as várias lendas coletadas, a denominada "Mãe da Água" já havia sido analisada por Arthur Ramos, em 1934, e também por Zora Seljan, em 1973. No entanto, a análise da autora parece ser inédita. A mãe da água assentiu casar-se com um pescador e viver só para ele, desde que certos acordos firmados antes da união fossem respeitados. Enquanto permaneceu a alínea, Iemanjá foi prodiga, dando a seu parceiro riqueza e dois filhos. No momento em que se quebrou o acordo, quebrou-se o encanto. A mãe da água, enfurecida, retornou ao mar, foi ao encontro de sua origem com todos os bens que, prodigamente, havia oferecido ao pescador - que de pobre tinha-se transformado em homem rico e emocionalmente satisfeito.

Na realidade, percebe-se que Iemanjá, ao se comportar somente como mãe, inclusive de seu próprio marido, proporcionou a base para viver momentos constrangedores e infelizes. Ao sentir-se enganada, ficou furiosa e retornou às suas origens - ao mar -, onde poderia reaver tudo aquilo que perdera de si. Nessa interpretação parece ter havido uma inversão da imagem de Iemanjá descrita por Jorge Amado - de mãe e amante do próprio filho - para a pensada por Bonaventure - de mãe de seu próprio marido.

Em 2000, Reginaldo Prandi publicou *Mitologia dos Orixás*, onde apresenta dezoito mitos em que Iemanjá é a protagonista: ajudando Olodumare na criação do mundo, sendo violentada pelo filho e dando à luz os Orixás; fugindo de Oquerê e correndo para o mar; dando à luz as estrelas, as nuvens e os Orixás; vingando seu filho e destruindo a primeira humanidade; jogando búzios na ausência de Orunmilá, sendo nomeada protetora das cabeças; traindo seu marido Ogum com Aiyê;

fingindo-se de morta para enganar Ogum; afogando seus amantes no mar; salvando o sol de extinguir-se, irritando-se com a sujeira que os homens lançam ao mar; atemorizando seu filho Xangô; oferecendo o sacrifício errado a Oxum, mostrando aos homens seu poder sobre as águas; seduzindo seu filho Xangô; tendo seu poder sobre o mar confirmado por Obatalá, cuidando de Oxalá, e ganhando o poder sobre as cabeças.

No período de 1934 a 2001, além dos vários nomes, Iemanjá recebeu inúmeros significados provenientes de análises metodológicas de diferentes matizes teóricos, realizadas em diversos tempos e espaços. Das diferentes interpretações surge Iemanjá como mulher fatal, mãe protetora, matricida, mãe dos peixes, mãe dos Orixás, mulher vaidosa, linda, de cabelos longos, mulher gorda de seios fartos, mãe injusta, mãe nutriente, mulher generosa, mulher vingativa. Entre as análises, destaca-se a de Augras (1989, p. 23), segundo a qual Iemanjá perdeu seu lado de mulher fatal devido ao processo moralizante que sofreu na Umbanda. Contudo, acrescento que a imagem de Iemanjá que surge das interpretações de Iwashita, Boff e Bonaventure parece ter sofrido um processo de branqueamento, provavelmente devido ao racismo. Em outras palavras, esse processo transforma o significado de Iemanjá de mulher fatal para Iemanjá marianizada, Iemanjá sombra, Iemanjá mãe de seu próprio marido.

Apesar das diferentes formas de qualificar Iemanjá, todos os seus estudiosos são unanimes em afirmar que Iemanjá significa o mar. Pierre Verger e Armando Vallado pontuam que, na África, Iemanjá representava o Rio Ogum e que, na diáspora, transformou-se no mar. Se "(...) *a água é a grande comunicadora mágica do homem no cosmo*" (Morin, 1988, p. 119), essa metamorfose sofrida pela deusa diz respeito à comunicação; assim, representa a união do contingente africano que viveu a diáspora e seus descendentes que se encontram na África, nas Antilhas, no Brasil e nos Estados Unidos.

O fato de Iemanjá ser celebrada no dia 31 de dezembro nas praias brasileiras tem a ver com o significado da água, seu poder de dissolução do indesejado, do mal. Dessa forma, a água aponta para o futuro, pois o passado, com seus elementos indesejáveis, é afastado num rito de purificação:

> *"Na água tudo é solvido, toda a forma é demolida, tudo o que aconteceu deixa de existir, nada do que era antes perdura depois da imersão na água, nem um contorno, nem um sinal, nem um evento. A imersão é o equivalente, no nível humano, da morte, no nível cósmico, do cataclismo, o dilúvio que, periodicamente, dissolve o mundo no oceano. Quebrando todas as formas, destruindo o passado, a água possui esse poder de purificação, de regeneração, de dar novo nascimento. A água purifica e regenera porque anula o passado e restaura - mesmo se por um momento - a integridade da aurora das coisas."*
>
> *(Eliade, 1998, pp. 158-159)*

Ao quebrar as formas, destruir o passado e anular a história, Iemanjá permite que, no 31 de dezembro, nas praias brasileiras, haja o encontro - ainda que por um instante - entre ricos e pobres, moços e velhos, negros e brancos, estrangeiros e brasileiros. Mas a transformação de Iemanjá implica também que a grande deusa deixe o rio *"(...) onde o rumor das águas assume com toda a naturalidade as metáforas do frescor e da claridade, fresca e clara é a canção do rio"* (Bachelard, 199813, p. 34) e mude-se para o mar.

Sobre o feminino, o masculino afirma: *"(...) apertei com paixão a vaga contra o meu peito / em meu pescoço a onda pendia desgrenhada / a espuma beijava meus lábios. Em torno de mim esguichavam fagulhas olorosas (...)"* (id., ibid., p. 134). A natureza feminina esta ali por inteiro. *"Uma vaga que se aperta com amor tão cálido não está longe de ser um seio palpitante (...)"* (id., ibid., p. 134). É a Iemanjá, feminina, sexualmente ardente, perfumada, maquiada. É, sem sombra de dúvida, uma mulher fatal.

No entanto, as águas profundas habitadas por Iemanjá não tem somente espumas que beijam lábios que esperam entreabertos. Elas têm outra substância real: as águas profundas, em sua imensidão, significam o inconsciente, mas também a consciência do eu, fruto de um aprofundamento para o mundo e para nós mesmos. É a vivência da intimidade simbolizada pelo mar. É Dona Maria, é Iemanjá. O aprofundamento para o mundo e para nós mesmos também caracteriza a maturidade. Mas o fato de Iemanjá deixar de representar o rio e se metamorfosear no mar parece ter a ver, também, com a substância mãe. Na África, o Rio Ogum já representava a mãe, o sentimento materno com sua proteção inigualável devido, provavelmente, à vivência da poliginia. Tanto é que Paul Claudel se pergunta: "Que é o rio? É a liquefação da substância da terra, é a erupção da água líquida, enraizada no mais secreto de suas dobras, do leite sob a tração do oceano que mama" (apud Bachelard, 1998b, p. 128).

Se o oceano mama no rio é porque o rio representa a mãe, a mãe que alimenta, a mãe que nutre, a mãe africana. Porém, a substância-mãe mais densa, mais madura parece ser o mar. Tanto é que *"o mar é para todos os homens um dos maiores, um dos mais constantes símbolos maternos"* (Bonapart apud id., ibid., p. 120). "É o canto profundo (...) que, em todos os momentos atraiu os homens para o mar. Esse canto profundo é a voz maternal, é a voz de nossa mãe" (id., ibid., p. 120). A mãe de que os africanos mais do que nunca careciam ao viver a diáspora. Essa maturidade materna que o mar representa implica viver a sua própria vida, ter a sua própria identidade e transmiti-la para seus descendentes.

Na verdade, *"(...) a água fala a linguagem das origens, ainda a água é a grande comunicadora mágica do homem no cosmo"* (Morin,

1988, p. 119). Dessa forma, a transmissão da identidade afro-brasileira parece estar garantida. Ainda segundo o teorema bachelardiano:

> "(...) se o mar é líquido, todo o líquido é uma água, portanto toda a água é um leite. A melhor prova de que a imagem nutritiva comanda todas as outras imagens é que Michelet não hesita no plano cósmico de passar do leite ao seio: 'com suas carícias assíduas arredondando a margem (o mar) deu-lhe seus contornos maternais (...) a ternura visível dos seios de mulher, que o filho acha tão suave: abrigo, tepidez e repouso'."
>
> (Bachelard, 1998b, p. 123)

Os seios de Iemanjá são famosos, havendo, inclusive, mitos que tratam deles porque são seios fartos, fartos de leite que amamentam os filhos. Os seios de Iemanjá constituem um tabu. Em outras palavras, nenhum homem poderia tocá-los ou tecer qualquer comentário sobre eles. Quando a deusa casou-se com Oquerê, avisou-o disso; fizeram então um acordo, que o esposo logo quebrou. Nesse momento quebrou-se o encanto. Iemanjá, raivosa, fugiu e, com a ajuda de seu filho Xangô, conseguiu alcançar o mar.

Bachelard tem razão: os seios arredondados são seios maternos através dos quais Iemanjá mantem relações de intimidade com seus filhos. Nenhum estrangeiro pode partilhar dessa relação. É por isso que, raivosa, Iemanjá volta para o mar, para as suas origens, para se encontrar junto aos seus. A raiva de Iemanjá fala a linguagem do mar violento que rosna e ruge. Suas águas são cheias de garras prontas para levar aqueles de quem Iemanjá não gosta, aqueles que não sabem agradá-la ou que lhe agradam muito - seja filho, seja amante - para no fundo do mar viverem a grande aventura amorosa existente.

Na realidade, o mito revela uma relação marcante entre a sexualidade e a violência. Assim, no mar violento, suas ondas se movimentam, criando grandes bocas ou vaginas? Iemanjá come seus filhos, Iemanjá come seus amantes? Será Iemanjá a Iyá Mi Oxorongá?

> "*Origem de todos nós, a mãe é inteiramente sacralizada. O seu poder, como sua beleza, reside no âmago do segredo da criação. Ela basta a si própria, fala grosso como homem, olha-nos do alto da árvore Irôco, assumindo, portanto, características bem fálicas; o seu marido desempenha rápido papel fecundante, qual zangão, depois ela o mata.*"
> (Augras, 1989, p. 16)

Augras complementa suas ideias, citando Carneiro da Cunha:

> "*Ela é o poder em si, tem tudo dentro de seu ser. Ela tem tudo. Ela é um ser autossuficiente, ela não precisa de ninguém, é um ser redondo primordial, esférico, contendo todas as oposições dentro de si. Awon Iyá Wa são andróginas, elas têm em si o Bem e o Mal, dentro delas, elas têm a feitiçaria e a antifeitiçaria; elas têm absolutamente tudo, elas são perfeitas.*" (1989, p. 16)

Dessa forma, compreende-se que, além do terror relatado por Edison Carneiro, os negros baianos tinham de Iemanjá a ideia de que com ela vieram também outras deusas. Assim, inicia-se o desvendar dos mistérios impenetráveis de Iemanjá. É Mariano Carneiro da Cunha que continua a responder com objetividade a indagação da existência da relação entre Iemanjá e Iyá Mi Oxorongá. Segundo esse autor, Iyá Mi - minha mãe feiticeira -, na África, é um aspecto arcaico, primeiro de Iemanjá Ogunté. Essa afirmação encontra respaldo à medida que Carneiro, ao narrar o espetáculo protagonizado pela sociedade das Geledés, que celebra as Iyá Mi ancestrais, informa: "*(...) A festa tem a duração de uma semana; os homens são os dançarinos, abdicam de sua condição masculina e dançam de saias para agradar, para mimar as mães ancestrais.*

Assim, a fecundidade dos campos é assegurada" (1984, p. 8). Mas, na narração de Carneiro, o ponto fundamental que parece desvendar Iemanjá como Iyá Mi Oxorongá está no grande presente que, ao final da festa das Geledés, é entregue ao Rio Ogum, local que representa Iemanjá.

Halbwachs, em *A memória coletiva* (1990, p. 133), mostra que o espaço e o tempo são substâncias da memória e, além disso, destaca que o lugar recebe a marca de quem o habita; o habitante recebe a marca do lugar. Na África, quem habita o Rio Ogum é Iemanjá: assim, a deusa é marcada pelo rio, da mesma forma que o marca. Em terras brasileiras, Iemanjá foi ressignificadas de rio para mar porque precisou ser mais abrangente, propiciando a comunicação, a união de todos os africanos que viveram a diáspora. Deixou o rio para sua filha e, assim, Oxum pode continuar a representar as águas doces, as águas claras; é dona dos riachos cristalinos: é, segundo Bachelard, a natureza criadora.

Na cultura africana - origem dessas duas deusas - há uma hierarquia bem definida entre pais e filhos, entre jovens e adultos. No entanto, de um lado, a mãe é protetora, esta sempre por perto; de outro, o rio desemboca no mar. Assim, há uma relação de proximidade entre o mar e o rio; entre mãe e filha. Essa proximidade, às vezes, traduz-se na mais completa intimidade. Tanto isso é verdade que há um mito cuja narração ilustra exatamente essa relação. O mito diz: "*Oxum é a primeira filha da grande deusa, cuja gestação foi dificílima*" (Prandi, 2000, p. 340). Esse fato, por si só, faz com que a mãe tenha um amor todo especial para com essa filha, tornando-a, na maioria das vezes, uma criança ou mesmo uma jovem mimada. Foi o que ocorreu com Oxum. Além disso, o medo da perda fez com que Iemanjá prendesse Oxum em seu ventre com a força das deusas. Esse fato parece ter sido o propiciador do sangramento quando do rompimento do cordão umbilical.

Essa ruptura com sangramento mostra uma relação muito forte entre Iemanjá e Oxum, uma relação íntima entre mãe e filha. Essa relação de intimidade parece estar diretamente referida à natureza semelhante e existente entre as duas: águas do mar e águas fluviais. As duas são líquidas, assim, tem ressonância, trocam energias, pois apresentam a mesma vibração. Essa natureza líquida semelhante, essa intimidade entre Iemanjá e Oxum fez com que as duas fossem facilmente confundidas entre os afrodescendentes. Nas palavras de Arthur Ramos: *"por isso as denominações Oxum, Apara e Oloxum, que ouvi muitas vezes nos Candomblés da Bahia, servem para designar tanto a mãe quanto a filha"* (1940, p. 48). A pedra marinha também é um elemento de identificação comum para as duas. Roger Bastide, em 1958, comenta o mesmo fato registrado por Ramos, isto é, a confusão realizada pelos baianos entre Iemanjá e Oxum. Em suas palavras:

> *Sábado é o dia da água, em forma dupla, de água salgada com Iemanjá e de água doce com Oxum. A gente da Bahia as reúne facilmente, num mesmo culto. É assim que a festa da purificação, que é consagrada a Oxum, é também do presente de Iemanjá.* (2000, p. 101)

Edison Carneiro, em 1948, portanto anteriormente a Bastide, fornece elementos que distinguem Oxum de Iemanjá. No entanto, o dia 2 de fevereiro parece ser o dia que celebra tanto a mãe quando a filha. Oxum é também a deusa das fontes e dos regatos; é uma deusa menina. Nessa perspectiva, essas últimas características parecem coincidir com as ideias de Bachelard em relação às águas claras, quando diz:

> *As águas risonhas, os riachos irônicos, as cascatas ruidosamente alegres (...) Esses risos, esses chilreios são, ao que parece, a linguagem pura da natureza. No riacho quem fala é a natureza criança. Mas terá essa mitologia uma força verdadeira? Feliz daquele que é despertado pela fresca canção do regato, por sua voz real de natureza viva. Cada novo dia tem para ele a dinâmica do nascimento. Ao romper da auro-*

ra o canto do regato é um canto da mocidade, um conselho do rejuvenescimento. (1998b, p. 35)

Oxum representa a beleza própria da juventude, mas é mais do que isso, pois ela significa, também, o processo de rejuvenescimento feminino. Nesse sentido, propõe que a beleza feminina pode renovar-se sempre, à medida que a vaidade da mulher é um elemento propulsor desse processo. Além disso, a ideia de que a água do regato a cada novo dia significa o nascimento vem ao encontro da ideia de fecundidade e fertilidade representadas por Oxum. Parece haver semelhanças nas características de Oxum, relacionadas aos regatos, às fontes e à natureza criança, encontradas no pensamento de Carneiro, quando analisa a deusa, e no de Bachelard, quando analisa as águas claras. É nessa perspectiva que Oxum reside nas águas claras da superfície do rio e da lagoa. Mas o fato, provavelmente mais importante, que distingue Oxum de Iemanjá diz respeito ao mito que narra quando Iemanjá fugiu de Oquerê porque ele quebrou o pacto nupcial e falou de seus seios enormes. Essa narração é causa de inúmeras lendas, que trocam os motivos, mas mostram a grande deusa, extremamente desgostosa, retomando as suas origens.

No caso de Oxum, quem narra é Monique Augras, apresentando aspectos semelhantes aos de Iemanjá, mas com final completamente diferente:

"É uma história que lembra a lenda francesa de Mélusine: um pobre agricultor encontrou Iyá Omi (Mãe da Água) e, apaixonado, resolveu casar com ela. Ela concordou, desde que ele se comprometesse a nunca falar mal do povo das águas. O homem tornou-se rico, de bens e de filhos. Mas Oxum cansou-se da vida doméstica, deu um jeito para exasperar o marido, a tal ponto que este acabou renegando todo

o povo das águas. Oxum não esperava outra coisa para, satisfeitíssima, voltar para o rio." (1983, p. 163)

Dessa forma, comparando o mito referente à Iemanjá com a lenda relacionada à Oxum, o que sobressai no caso da última deusa é a astúcia. Em outras palavras, o que distingue Oxum de Iemanjá é sua astúcia, sua dissimulação. É o saber o que quer, o planejar para atingir seu objetivo, sendo, ao mesmo tempo, extremamente sedutora. Assim, para a deusa, está perfeitamente claro o que deseja atingir, mas para o "outro" fica encoberta a sua meta.

Percebe-se que a identidade de Oxum, apesar de ter elementos semelhantes à de Iemanjá, tem características profundamente diferenciadoras; assim, o mito cuja linguagem fala do sangue derramado por Oxum após três dias de seu nascimento ilumina, de um lado, a relação de intimidade entre mãe e filha, e de outro desnuda que, apesar das dificuldades, o cordão foi rompido para dar à Oxum sua própria identidade, diferenciando-a de sua mãe Iemanjá. No entanto, talvez devido a seu comportamento dissimulado, permanece uma dúvida sobre a identidade de Oxum: Iyá Mi Oxorongá é Oxum? Essa dúvida surge no mito contado por Prandi (2000, p. 338):

> *"Assustado e ofendido pelo espetáculo,*
> *ferido pela decepção, temeroso da feia visão,*
> *gritou o pescador:*
> *É a mulher-pássaro, a velha feiticeira!*
> *É a terrível mulher-pássaro, Iyá Mi Oxorongá.*
> *O caçador havia confundido Oxum envelhecida*
> *com uma das temidas feiticeiras, as Iyá Mi Oxorongá."*

Se, na África, o presente oferecido ao Rio Ogum pelas Geledés revelou o fato de que Iyá Mi Oxorongá é Iemanjá, o comportamento dissimulado de Oxum identifica essa deusa com Iyá Mi quando o trabalho de Iyá Mi é feito com dissimulação. Assim, um de seus oriquis diz:

> *"Este pássaro elegante voa de poemas para o ar,*
> *desce docemente sobre o teto da casa*
> *(ele vai silenciosamente como um gato).*
> *Se ela diz para matar, eles matarão.*
> *Se ela diz que tragam os intestinos de alguém, eles os trarão.*
> *Quando estão à espreita de alguém para abrir o seu ventre,*
> *essa pessoa não sabe que querem levar seus intestinos."*
> *(Verger, 1992, p. 12)*

A dissimulação que se encontra na lenda sobre o comportamento de Oxum exasperando seu marido para que ele a renegasse e ela, satisfeita, voltasse às origens, encontra-se no comportamento de Iyá Mi, como diz o oriqui. Além de dissimulada, Oxum comporta-se de maneira sedutora e astuciosa, Iyá Mi, por sua vez, "*(...) para justificar sua cólera, institui proibições. De propósito não as faz conhecidas, pois assim ela pode fingir que os homens as transgridem e pode maltratá-los, mesmo se as proibições não tiverem sido conhecidas.*" (id., ibid., p. 15)

O comportamento de Oxum em relação ao acordo feito com seu marido é semelhante ao de Iyá Mi, ao fazer com que ele transgredisse a proibição. Assim, Oxum tem comportamentos semelhantes aos de Iyá Mi, que indicam que Oxum também tem seu lado feiticeiro, representado pelas grandes mães com seus pássaros. Deve-se levar em conta também o fato de Oxum ser uma das filhas de Iemanjá, filha que recebe como herança de sua mãe o estatuto de grande mãe feiticeira. Além disso, em outro oriqui, vê-se como Orunmilá acalma a cólera de Iyá Mi:

> *"Suas mulheres não vão morrer,*
> *ele também não vai morrer,*

> *todos os lugares onde ele estender a mão serão bons.*
> *Mas se ele não conhecesse este enigma,*
> *elas não aceitariam suas súplicas,*
> *elas estariam em cólera contra ele todo o tempo (...)*
> *Orunmilá diz pegar.*
> *Estas pedem esta resposta junto a Orunmilá na sétima vez,*
> *elas dizem, Orunmilá,*
> *elas dizem, quando ele diz pegar,*
> *elas dizem, o que ele lhe envia para pegar?*
> *Ah, ele diz, vocês enviam um ovo de galinha.*
> *Elas dizem, o que têm elas para pegar,*
> *Orunmilá diz a borra do algodão,*
> *elas dizem que Orunmilá joga este ovo de galinha no ar.*
> *Elas dizem que ele o pegue sete vezes.*
> *Quando Orunmilá o pega sete vezes,*
> *elas dizem terminou assim?*
> *Elas dizem está bem assim,*
> *elas dizem que estão perdoados,*
> *elas dizem vocês todos os filhos das pessoas e você Orunmilá."*
> *(id., ibid., p. 53)*

A cólera das Iyá Mi regride quando elas jogam um ovo para Orunmilá, que deverá pega-lo sete vezes. O ovo tem o significado pleno de fecundidade, fertilidade. Mas quem as representa é Oxum. Dessa forma, Oxum é uma Iyá Mi Oxorongá. Os festivais das Geledés, no limite, tinham como meta apaziguar a cólera da Iyá Mi para que houvesse fecundidade e fertilidade; assim, celebravam Iyá Mi Oxorongá, que é a outra face de Oxum. Tanto isso parece verdade que, no preparo do *omolocum*, uma das comidas oferecidas à deusa, usam-se sete ovos.

Entretanto, as deusas das águas não são só Iemanjá e Oxum; Oyá - também chamada de Iansã - representa, em terras brasileiras, a tempestade. Mas a Oyá brasileira significa muito mais, ao expressar o fortalecimento do vento e do fogo. Esse fortalecimento, especialmente do ar, parece estar referido à diáspora. Tanto o mar-Iemanjá quanto o vento-Iansã significam a comunicação entre os povos que foram banidos da África, que foram separados entre si e de sua terra natal. O vento como comunicação aparece em um mito narrado por Nina Rodrigues em 1906:

> *"Xangô, um dos Orixás mais afamados dos iorubanos, desposou três irmãs - Oyá, Oxum e Obá (os três rios africanos: Níger, Oxum e Obá). Tem como criado a Oxumarê (o arco-íris), ocupado em transportar a água da terra para o ardente palácio das nuvens onde reside o deus, acompanhado de seu escravo Bini, as trevas, e se faz conduzir por Oyá - o mensageiro Afefé - o vento."* (p. 223)

Afefé - a brisa - ilustra muito bem, enquanto mensageiro, o significado do vento como comunicador cósmico. Mas esse mito tem mais a dizer ao narrar que Oxumarê, o empregado, transportava a água da terra para o palácio das nuvens, residência de Xangô. Na mitologia iorubana, Oxumarê, além de representar o arco-íris, é servo de Xangô, cujo significado é o trovão, o fogo. O arco-íris e o trovão são fenômenos meteorológicos; o primeiro é constituído de gotículas de água atravessadas pelo sol. Em outras palavras, é necessária a coexistência da chuva e do sol para surgirem as sete cores em forma de arco - vermelho, laranja, amarelo, verde, azul e violeta. O arco-íris se decompõe em chuva e sol, em água e fogo, e o trovão, por sua vez, é fogo. Assim, Oxumarê e Xangô participam da mesma substância - o fogo: por isso mantêm relação de proximidade.

O arco-íris ganha sentido como metáfora de levar a água da terra para as nuvens, onde reside o deus Xangô, o trovão. Na realidade, as águas das chuvas provêm do processo de evaporação dos mares e dos rios. Quando se condensam, formam as nuvens e, tornando-se mais pesadas que o ar, ao ecoar do trovão, caem em chuvas. Há, portanto, um movimento reversível das águas dos mares e rios para as nuvens e das nuvens, através das chuvas, para os mares e os rios. Se o vento é o mensageiro, o arco-íris também o é, pois ele representa esse movimento reversível da água, a grande comunicadora cósmica do homem no cosmo.

Para Bachelard (1990, p. 95), a nuvem também é imaginada como comunicadora cósmica, ela é representada como uma folha levada pelo vento. Esse mito parece desvendar os comunicadores cósmicos a que os africanos e seus descendentes podiam recorrer: vento, nuvem, água e arco-íris. Mas quem preside esse grupo é Oyá, pois tem sua origem na água e é o vento, dois comunicadores cósmicos por excelência. Se, no mito, o vento, as nuvens e a água surgiram como comunicadores cósmicos, esses mesmos elementos, pelo movimento do imaginário, propiciam outro feminino à tempestade. Ela ocorre quando as nuvens tornam-se pesadas e baixas, o vento forte (*obori*) provoca a água, que se irrita, mais que isso, encoleriza-se, de modo que "*sua cólera torna-se universal; a tempestade ribomba, o raio corisca, o organismo crepita, a água inunda a terra (...) é frequentemente com a espada que se luta contra a tempestade*" (Bachelard, 1998b, pp. 1 88189). Assim, se Iansã é a tempestade, ela possui, através da espada, o controle sobre si própria.

Na realidade, quando Iansã, encolerizada, sopra, destruindo casas, arrancando árvores, arrasando cidades e aldeias, é porque tem seus motivos. Mais precisamente, o vento advém de seu próprio sopro, tem origem em seu interior. Assim, Iansã tem controle sobre a tempestade, sobre os ventos; tem, em outras palavras, o controle sobre si. É provavelmente isso que a torna uma grande guerreira. Na guerra, além do controle sobre o outro, é fundamental o domínio sobre si.

De fato, entre as três principais esposas de Xangô - Oxum, Obá e Iansã - é ela que desempenha o papel de guerreira que acompanha o marido em suas aventuras bélicas. Além disso, deve ser destacado que Iansã, devido a seus encantos, ganhou de Xangô o domínio dos raios (id., ibid., p. 397). Desse modo, ela controla também o fogo, que é fundamental em qualquer guerra. O raio, por sua vez, é uma grande centelha elétrica que salta entre as nuvens ou dessas últimas à terra, e contém calor que, ao esquentar o ar, desloca-o, provocando o trovão.

O raio provoca o trovão: na verdade, Iansã provoca Xangô. Os dois têm a mesma substância fogo; possuem a mesma energia, têm ressonância e mantêm relação de intimidade. Essa ressonância, essa intimidade revela-se no ato sexual, no amor. "Fogo é libido, fogo é amor" (Ramos, 1934, p. 346). Porém Iansã não se relaciona só com Xangô, mas também mantem relação de parentesco com Iemanjá e Oxum, pois as três tem a mesma origem: as águas. Tanto é verdade que Oyá, juntamente com Oxum, são Orixás que nascem da mesma relação incestuosa de Iemanjá com seu filho Orugã. Assim, Iansã e Oxum são filhas de Iemanjá. As três mulheres são da mesma família e têm a mesma origem - a água. Essa é uma das razões que faz com que Oyá tenha tanta versatilidade, transformando-se em uma novilha para descobrir entre os súditos do reino de Alaketu quais seriam os desordeiros. Mas Oyá se metamorfoseia muito mais, ao transformar-se seguidamente em pedra, madeira, cacho de dendê e elefante branco, para escapar do assédio sexual de seu próprio pai (Prandi, 2000, p. 302).

Todas essas mudanças são possíveis, também, porque Iansã representa o vento (ar) e tem origem na água. Segundo Mircea Eliade, as águas simbolizam a estabilidade das virtualidades, a matriz de todas as possibilidades da existência. Da mesma forma, entende-se o ar. Nessa perspectiva é que se pode compreender as diferentes formas que Iansã assume, referidas aos diferentes papéis que a mulher negra teve que desempenhar ao longo de sua história, na África e no Brasil, para vencer os obstáculos existentes, para assegurar a manutenção de seu povo. O parentesco entre as mulheres das águas diz mais: de um lado, Iansã herdou de sua mãe Iemanjá o dom para a feitiçaria, Iansã também é uma Iyá Mi, também tem um pássaro que parece representar a sexualidade. Verger afirma que "*Iemanjá, Oyá (...) todas são lá Eleiye, possuidoras da cabaça com o pássaro, símbolo de seu poder*" (1986, p. 253). De outro lado, a relação entre as duas irmãs, Iansã e Oxum, é quase sempre conflituosa, tanto que Oxum tem inveja da irmã. Esse sentimento surge quando Oyá, ao se olhar no espelho (conchas), espantou-se com sua beleza, inclusive percebeu que era mais bela que a própria Oxum, que, por sua vez, repleta de inveja, roubou o espelho de Egungun. "*Quando Oyá se vê no espelho, vê-se morta*" (Prandi, 2000, p. 323).

O espelho do Egungun possui o significado do duplo, possui o significado da morte. Egungun é o morto. O duplo ganha sentido quando se tem a consciência da morte. Nas palavras de Morin: "*a consciência objetiva da morte que reconhece a mortalidade, interage com a consciência subjetiva que afirma a imortalidade. (...) O duplo é o âmago de toda representação arcaica que diz respeito aos mortos.*" (1970, p. 26). Percebe-se ainda que a invisibilidade própria do duplo parece encontrar guarida no ar, no vento, que também é invisível. Iansã representa o vento (*afefé*), a brisa, ou o vento forte (*obori*). É por isso que quando "*(...) Maje Bassan, a doce e temível, a prudente e sábia fechou os olhos, ouviu-se ao longe o grito de Iansã à frente dos eguns. Xangô saiu dançando no terreiro, Pedro Archanjo prendeu a dor no peito e disse: 'Nossa mãe morreu!'.*" (Amado, 1971, p. 269).

Se Iansã, como o vento, tem relação com os mortos, como sua origem é a água que fala a linguagem do nascimento-renascimento, pode, portanto, ser pensada como mãe dos mortos. Tanto é verdade que seu nome é sempre repetido no *axexê* - rituais funerários do povo do Candomblé. Oyá, a guerreira, a altiva, a destemida, é encontrada com os eguns, cujo espaço é exclusivamente masculino. Faz parte de Oyá recusar "*(...) ficar fora dos enclaves do culto e da cultura ocupados predominantemente pela autoridade masculina*" (Gleason, 1993, p. 78). Entre as cantigas tradicionais de Oyá, encontram-se algumas que a relacionam as árvores tocadas pelo vento. Assim diz (id., ibid., pp. 74 e 78):

> *"Ela queima como fogo na lareira,*
> *Em todo lugar ao mesmo tempo;*
> *Tufão que balança as árvores sólidas;*
> *Sim, grande Oyá.*
> *Copa ondulante de árvore grande;*
> *Segura o vento forte.*
> *Oyá não se ofenda: Epa!*
> *Oyá, por favor, vai devagar.".*

Se a árvore segura o vento, como diz a cantiga, é porque existe algum tipo de relação entre eles. No caso, a árvore é Irôco, árvore sagrada dos africanos, que no Brasil foi substituída pela gameleira branca. O Irôco é, nas palavras de Bachelard, uma "árvore cosmológica". Na Bahia, a presença de Irôco marcava os *"caminhos do Retiro e do Rio Vermelho e as mais famosas eram a do Politeamo, a do Campo da Pólvora, a do Garcia"* (Rodrigues, 1988, p. 227). No entanto, não é só nas ruas de Salvador que se encontram Irôcos. Sua presença também é marcante em alguns terreiros. No momento do transe, Irôco troca com seus filhos sua natureza divina, enquanto seus filhos lhe transmitem sua natureza humana.

A árvore Irôco é um Orixá. Porém, tanto Nina Rodrigues como Arthur Ramos e mesmo Edison Carneiro parecem atribuir a Irôco simplesmente o estatuto de lugar onde deixar oferenda para os outros Orixás. Segundo Prandi (2000, p. 566), Irôco, na África, era o habitat de Orô, o espírito da floresta, e no Brasil transformou-se em Orixá cultuado nos antigos Candomblés da Bahia e de Pernambuco. Na realidade, o que ocorre no Candomblé e que o Orixá marca o lugar; e o lugar, por sua vez, marca o Orixá. Mais precisamente, o fato de sacrifícios serem realizados no tronco dessa árvore, de oferendas serem deixadas na sua imensa raiz, afirma que tanto os sacrifícios quanto as oferendas, em sua maioria, são para Irôco. Em outras palavras, a grande gameleira branca é Irôco - o Orixá. Ele está na gameleira e ele é a gameleira.

Entre os africanos e seus descendentes, a utilização das folhas, simultaneamente à força da palavra, muitas vezes tem o sentido de cura. Landes, ao se referir a Irôco, diz que ele tem: "*(...) vagas funções de cura, que o colocam ao lado de Omolu e de Ossaim, senhor dos bosques e das ervas*" (1940, p. 30). No terreiro do Alaketu, Irôco dança com um filá de palha-da-costa e vestido de branco e verde; o verde representando as folhas que podem significar a cura. Nas palavras de Nina Rodrigues, "*o culto fetichista das plantas, das grandes árvores, sobretudo, é muito extenso entre os nossos negros e mestiços. O prestigio mágico das palavras cabalísticas e das rezas só encontra rival na virtude de certas folhas*" (1988, p. 227). Mas não é só o poder de cura que Irôco exerce, especialmente quando o olhar enfoca suas raízes imensas. Nas palavras de Bachelard, "*a imagem da raiz anima-se de uma maneira paradoxal em duas direções, conforme sonhemos com uma raiz que leva ao céu os sucos da terra ou sonhemos com uma raiz que vai trabalhar entre os mortos para os mortos.*" (1990, p. 224).

Parece que há relação de proximidade entre Obaluaiê e Iansã. Tanto é assim que o Orixá masculino oferece à deusa o reino dos eguns. Se o deus deu tal reino é porque ele o possuía. O fato de ter dado o reino dos mortos à Iansã não tira de Obaluaiê a proximidade com a morte, pois ela sempre deixa sua marca; mais que isso, Obaluaiê representa a saúde-doença. Esse binômio se destaca no mito em que Xapanã ganha seu culto entre os iorubás. Xapanã gostava de guerrear, inclusive saiu de Daomé e foi para Oió por ter promovido muitas guerras. Nessa última cidade, propôs ao rei que guerreasse contra o povo de Daomé, e obteve como resposta uma negativa. Furioso, Xapanã desceu terra adentro e, nesse momento, a varíola se alastrou pela população de Oió. Muitos ficaram doentes e muitos morreram. Para que essa terrível situação se resolvesse, Alafin, o rei de Oió, deveria levar um pote cheio de água no local em que Xapaná havia desaparecido sob a terra. Ali ele encontraria a tesoura e a corrente do deus, que deveriam ser depositadas no pote. Aspergindo a água do pote nos enfermos, eles se recuperariam. Assim, os enfermos foram curados (Prandi, 2000, p. 219).

Nesse trecho do mito, observa-se a existência da doença, da morte e da cura. Mas percebe-se, sobretudo, que o momento em que muitos ficaram doentes e muitos morreram é quando Xapaná, furioso, desce terra adentro e encontra-se com a raiz de Irôco. Dessa forma, parece haver uma trama entre Xapaná e Irôco, não só em relação à cura, mas também em relação à morte. Reitera-se o que disse Bachelard: *"uma raiz que vai trabalhar entre os mortos para os mortos"* (1990, p. 240). Prandi, por sua vez, afirma que:

> *"Omolu ou Obaluaiê, também chamado Xapaná e Sapatá, é o senhor da peste, da varíola, da doença infecciosa, o conhecedor de seus segredos e de sua cura. (...) Muitos Candomblés incluem nesse panteão Irôco."* (2000, p. 21)

Parece, pois, correta a trama entre Obaluaiê e Irôco: os dois trabalham entre os mortos e para os mortos. Em outra perspectiva, Bachelard percebe que *"(...) o que é verdadeiramente sólido sobre a terra tem para uma imaginação dinâmica uma forte raiz"* (1990, p. 226). Sem dúvida nenhuma, Irôco tem uma raiz tão imensa e tão forte que emociona vê-la. Essa força, que propicia solidez sobre a terra, parece ter a ver com a cultura africana, cujos elementos movimentam-se na subterraneidade das comunidades afetivas, nas redes informais, para não morrer, para permanecer viva. Essa ideia de raiz se movimentando, dando agora sustentação à cultura afro-brasileira, é tão plausível que Bachelard, concordando com os africanos e seus descendentes, diz:

> "(...) no mesmo instante, dentro de nós, sentimos as raízes trabalharem, sentimos que o passado não está morto, que temos algo a fazer, hoje, em nossa vida. A raiz é um eixo de profundidade. Ela nos remete ao passado longínquo, ao passado de nossa raça." (ibid., p. 20)

Quem traz o passado longínquo para o presente é a memória. Dessa forma, Irôco representa a memória de um povo, a memória coletiva do africano, a sua vida na África: a forma de trabalho, a produção, a organização da família, a reprodução, a maneira de ver a vida, a maneira de ver a morte, a religião, suas festas, suas guerras, suas alegrias e tristezas. Mas não é só essa memória que Irôco representa; a árvore cosmológica assemelha-se a Mnemosyne *"(...) é o deciframento do invisível, uma geografia do sonho"* (Vernant, 1971, p. 79). Faz cair a barreira que separa o passado do presente, lança uma ponte entre o mundo dos vivos e do além.

> *"É uma virgem que se mira em certas consultas oraculares: a descida de um ser vivo ao país dos mortos, para aí aprender, para aí ver o que se quer saber. O privilégio que Mnemosyne confere a Aedo é aquele de um contato com outro mundo, a possibilidade de entrar nele e voltar dele livremente. O passado aparece como uma dimensão do além."* (id., ibid., p. 79).

Esse encontro com os mortos é para aprender, é para ver. É Mnemosyne, é a memória ampliada, que possibilita o trânsito do passado primordial, das origens, para o presente, livremente. É a memória do mito. Mas a raiz se movimenta e a diáspora é lembrada, não como uma vinda sem volta, uma vez que o africano, ao ser banido de sua terra natal, trouxe consigo a sua cultura. Por isso Irôco está aqui. É nessa perspectiva que os africanos e seus descendentes, mesmo tendo vivido a diáspora, a escravidão, a discriminação, não foram envolvidos pelo esquecimento, porque existe a raiz, existe a cultura. Memória é cultura.

No entanto, na modernidade, os processos de branqueamento ganham mais velocidade e parecem ter uma força estonteante. A grande pergunta que fica é a seguinte: qual a força de Irôco, qual a força da tradição? A resposta para essa questão encontra-se no tempo futuro. Entretanto, resta uma esperança: é na raiz de Irôco que se encontram os fundamentos, são os segredos. Devido a esse fato, os olhos podem olhar e se emocionar, mas é proibido fotografar ou filmar a raiz do Irôco no Alaketu. Apesar de a raiz ser a parte mais importante da árvore, Irôco não é só raiz, é uma árvore inteira. Sua postura é sempre ereta, não se deita jamais. "*A árvore é um modelo constante de uma heroica retidão*", "*talvez seja por isso que lhe coube o papel de vínculo entre a terra e o céu, entre a morte e a vida*" (Bachelard, 1990, pp. 211 e 224).

Se a raiz representa a cultura africana, a árvore em sua inteireza aponta, em seu movimento de crescimento, para o céu, oferecendo a seu povo as folhas, os frutos, as flores, etc. Esses elementos nada mais são que as recriações, fruto do encontro das duas culturas: africana e brasileira Parece que o controle da morte e da vida encontra-se no bojo do próprio Irôco. Sobre esse assunto, Nina Rodrigues (1988, p. 227) afirma: "*todavia, persiste na população a crença na animação direta da planta, de sorte que cortá-la seria cometer um sacrilégio, como para logo havia de provar o sangue e não a água ou seiva que dela, ferida, correria*".

Se o povo acredita que Irôco sangra, não há prova mais cabal de que a tradição está viva, alimentada pela raiz, pela memória, apesar dos processos de esquecimento, de branqueamento. Irôco sangra porque, além de estar viva, possui vida, "*(...) é reserva de voo, pois para a imaginação, viver na grande árvore (...) é sempre ser um pássaro*" (Bachelard, 1990, p. 217). Prandi, sobre o assunto de árvores e pássaros, diz: "*(...) Irôco [é] a árvore centenária, em cuja copa frondosa habitam aves misteriosas, temidas portadoras de feitiços*" (2000, p. 21). Está se referindo aos pássaros das Iyá Mi Oxorongá, as nossas mães ancestrais, nossas mães feiticeiras.

A árvore cosmológica parece também representar o feminino; tanto é assim que a grande árvore, segundo Bachelard, é um ninho imenso, balançado pelos ventos. Assim, Irôco representa o nascimento-renascimento. É do ninho que voa a vida. E nessa perspectiva emerge a ideia de mãe, mas não é só essa noção que surge: "*o ninho dos cimos é um sonho de poder*" (1990, p. 218). Assim, uma mãe poderosa abarca a imaginação. Irôco é o suporte da mãe poderosa que tem os pássaros do feitiço. Suporte das Iyá Mi, a mãe poderosa com seu pássaro, a grande mãe feiticeira, a nossa origem ancestral. Mais uma protagonista surge quando Bachelard diz: "*a grande árvore é um ninho imenso, balançado pelos ventos*": é Olga de Alaketu, uma mulher negra, uma das mais tradicionais mães-de-santo, que reúne Iansã, o vento, e Irôco, a árvore: os Orixás que a acompanham desde 1925.

MULHER DO VENTO

O que é que a baiana tem?
Que é que a baiana tem?
Tem torço de seda, tem!
Tem brincos de ouro, tem!
Corrente de ouro, tem!
Tem pano-da-costa, tem!
Tem bata rendada, tem!
Pulseira de ouro, tem!
Tem saia engomada, tem!
Sandália enfeitada, tem!
Tem graça como ninguém.
Como ela requebra bem
Quando Você se requebrar
Caia por cima de mim...
Caia por cima de mim...
Caia por cima de mim...
O que é que a baiana tem?
Que fé que a baiana tem?
Tem torço de seda...
Só vai no Bonfim quem tem...
Só vai no Bomfim quem tem...
Um rosário de ouro
Uma bolota assim
Quem não tem balangandãs
O não vai no Bonfim

Dorival Caymmi

Se a música de Caymmi canta em verso a mulher, o mesmo não acontece com os jornais baianos, que nos anos 20 do século XX quase não apresentam notícias sobre o feminino, seja branco, seja negro. Ocorre que o jornal, como instrumento de poder, representa o seu próprio espaço público. É nessa perspectiva que os jornais podem ser pensados como masculinos. Tanto é assim que os nascimentos das crianças nessa época eram notificados da seguinte forma: "nasceu ontem o filho ou a filha do Sr. X". Tal ocorrência pode ser interpretada na determinação de que o feminino deva ocupar somente o espaço privado, o espaço que não deve ser noticiado.

A criança, ao nascer, ao torna-se notícia, movimenta-se no espaço público, no espaço de Hermes; portanto, no espaço masculino. A mulher torna-se mãe no privado, no espaço da intimidade. Dessa forma, a notícia corta o elo entre mãe e filho, a descendência é do pai. Essa notícia, a do nascimento, ilustra uma sociedade eminentemente patriarcal, na qual a relação de gênero é totalmente assimétrica, parecendo, assim, que na sociedade baiana não há mulheres. No entanto, com olhar mais atento, observa-se nos jornais desenhos que representam o feminino, embora não cheguem a constituir-se como personagens. São anônimos como o são as mulheres na sociedade baiana. Essas figuras mostram o feminino em uma situação lastimável: estão enfermas. É nesse sentido que a mulher surge nas folhas do jornal como doente. Tanto é assim que "*não há como não tomar uma cápsula de Apiol, quando se tem suspensão e falta de regras - Drogaria Caldas - Rua São Pedro, nº25*" (A Tarde, 8/3/1925)[9].

É nessa mesma perspectiva que surgem o "*(...) pó-de-arroz e o rouge Lady, pois é melhor e não é mais caro e dá um outro tom no seu ros-*

---

[9] A coleta de notícias dos jornais O Estado da Bahia e A Tarde foi realizada na Biblioteca Municipal de Salvador durante a primeira quinzena de julho de 2000. A pesquisa teve como principais critérios selecionar as notícias sobre relações de gênero, relações raciais e Candomblé.

to" (A Tarde, 8/3/1925). Entende-se que a mulher dos estratos altos baianos, nos anos 20, era leitora dos jornais, apesar de ser considerada apenas como consumidora anônima, diga-se de poucos produtos, cujos custos eram reduzidos. Assim, a mulher é anônima ou é anulada, e não só quando nascem seus filhos, mas também quando eles aniversariam. Uma notícia mostra bem o que ocorre: "*aniversário de Edith, filha do Major Otávio de Salles Pontes*" (A Tarde, 8/2/1924). Destaca-se, nesse período, a situação econômica critica que viviam o Brasil e também a Bahia, com a política sem ética que atravessava vários estados brasileiros, em que eleições se processavam num ambiente de tensão.

> "*Proclamados os resultados, o grupo derrotado imediatamente protestava colocando dúvidas a respeito da apuração. Na Bahia, a eleição se dá em janeiro de 1924, e cada lado se declara vencedor. Diante da impossibilidade de uma solução pacífica, os grupos rivais lançavam-se à luta armada. Constatada a perturbação, era motivo suficiente para que o governo federal interviesse a fim de restabelecer a ordem. A União garantia o poder do grupo mais ligado a ele. Assim, o governo coloca na Bahia Gomes Calmon.*"
> (Correa, 1976, p. 43)

Nessa época, o A Tarde (5/2/1924) noticiava:

> "*A suspensão do habeas corpus onde quer que fosse decretado o sítio; a suspensão das demais garantias constitucionais constava do decreto. Além do que, durante o sítio, passam os tribunais a conhecer os atos do legislativo e do executivo.*"

No entanto, apesar da delicada crise política pela qual passava a Bahia, a mulher dos estratos médios e altos continuava na mesma situação, isto é, como público-alvo das propagandas de remédio. Tanto isso é verdade que apresento dois anúncios que apareciam nos jornais baianos nos anos 20:

> "*Nas cidades de clima quente o que faz mais vítimas é o corrimento ou flores brancas. Emilio Little (Dicionário de medicina, 940) diz que dois terços que vivem em clima quente sofrem de flores brancas. O grande remédio das flores brancas é a Cândida Mulher, é de uso interno.*"
> (A Tarde, 7/8/1924)

> "*O que toda moça deve saber antes e depois do casamento. Quantas vidas cheias de desgostos e pesares, quantas lágrimas, quantos desenganos produzidos por estas tão dolorosas enfermidades. Quantas senhoras, casadas, solteiras e viúvas que padecem de tão terríveis doenças. Quantas mães de família se consideram infelizes por viver assim. Quem tem infelicidade de sofrer do útero bem sabe o que é padecer. O melhor tratamento é o regulador Gislene.*" (id., 12/9/1924)

Essas duas propagandas, aliadas do rouge e do pó-de-arroz Lady, parecem dizer muito sobre a mulher nos anos 20 na Bahia. De um lado, pelos desenhos e principalmente pelos textos, como já foi dito, percebe-se que o feminino é olhado como doente; tanto é que precisa do rouge e do pó-de-arroz, "*para dar outro tom ao seu rosto*". Mas é mais do que isso: a ideologia embutida parece querer fabricar a doença. Em outras palavras, essas propagandas parecem introjetar no feminino a ideia de que a doença é parte integrante de sua constituição, de sua natureza; é por isso que é frágil, é por isso que é infeliz. Assim, a infelicidade feminina reside totalmente no plano biológico.

Outras doenças femininas, mais específicas, são ditas como sendo determinadas pelo clima quente. Assim, a mulher baiana, ao viver nessa situação climática, tem corrimento. Dessa forma, a baiana, além de tomar reguladores, utilizar cândidas, deve se conformar com sua situação no interior da casa, com os seus, longe do perigo da sífilis, que nessa época fez muitas vítimas na cidade. As propagandas mostram que as doenças venéreas vitimavam os baianos. As propagandas surgem sem desenhos, somente com textos curtos:

> *"Dr. Pedro Emílio de Cerqueira fizera nova descoberta da cura da gonorreia aguda e crônica." (A Tarde, 10/3/1924)*

> *"Não desanime: se for sífilis ou qualquer doença de pele, o Kuete nos curara!!!" (id., ibid.)*

Mas todas essas propagandas, que enfocam desde a sífilis, passando pelo corrimento e chegando a todos os sofrimentos do útero, podem significar que a mulher é olhada, simplesmente, como um grande útero, pois o seu papel é o de procriadora, portanto, deve tratar de seu aparelho reprodutor cuidadosamente, porque, na sociedade baiana dos anos 20, a mulher casada que não tivesse filhos certamente era tudo aquilo que a propaganda diz: no mínimo, infeliz.

Na verdade, essas duas interpretações se complementam. No entanto, nessa mesma época, a Escola Normal já realizava solenidades que eram notícia:

> *"Ao grande educador: foram inaugurados os bustos de Macahubas no Ginásio e na Escola Normal. Foram duas significativas e gratas solenidades as de hoje pela manha. Na escola normal e na praça em frente ao ginásio da Bahia - ao grande educador baiano Abílio César Borges - Barão de Macahubas - trabalho do escultor Paschoal de Chirico." (id., 9/9/1925)*

São também dessa época as notícias sobre a greve das faculdades baianas, dando conta de que os doutorandos de Medicina e Direito deliberam continuar a frequentar as aulas porque serão doutores no final do ano. Assim, percebe-se que nessa época existia vida estudantil e universitária importante. Mais precisamente, a educação parece ser prioridade da elite baiana. No entanto, a sífilis esta presente na população, ao lado da marcante submissão feminina. Não obstante, a Escola Normal, por sua vez, celebra o Barão de Macaúbas como o grande educador. Essa escola parece ser a única a formar mulheres para o exercício de uma profissão. Tanto é assim que, em 1920, 85,55% dos professores eram mulheres (apud Ferreira Filho, 1993). É no final dos anos 20, mais precisamente em 1929, que foi fundada a Escola Comercial Feminina da Bahia, que passa a atender as filhas das famílias de estratos médios e médios-baixos.

Se a educação dos filhos era uma preocupação das famílias de estratos altos e médios baianos, o catolicismo preocupava-se com essas mesmas famílias, convidando-as para suas celebrações. Assim, o *Te Deum* oficiado pelo arcebispo oficial da Bahia e noticiado:

> *"Para o Te Deum foram oficiados os seguintes convites: Ilmo. Sr. Os abaixo assinados, representantes do município da capital do Estado, têm a honra de convidar a V. Ex. e Exma. Família para assistirem ao solene Te Deum que, no dia 2 de julho, será celebrado na Basílica de Salvador, em comemoração à gloriosa data da Bahia. Assinado: Leopoldino A. Tadeu (Presidente do Conselho) e J. V. Araújo Pinho (Intendente)."* (id., 30/6/1925)

Mas não e só para o *Te Deum* que a família baiana é convidada, ela também recebe o convite para participar da Hora Santa:

> *"O Rumo. Arcebispo acaba de instituir a Hora Santa que se fará pela primeira vez na Basílica. O ato religioso será das*

19 às 20h e presidido pelo Rumo. Estando por ele convidada a família católica baiana." (id., 12/6/1927)

Na verdade, a igreja católica era o lócus onde a mulher baiana dos estratos médios e altos podia ir sem receio. Em outras palavras, era um dos poucos lugares públicos permitidos. Dessa forma, o arcebispo podia convidar toda a família. Enquanto o catolicismo saia nos jornais convidando a família baiana para seus atos religiosos, uma outra religião era notícia porque era perseguida pela polícia. Assim:

"Pela madrugada de ontem, o Dr. Pedro Gordilho, 1º Delegado auxiliar, deu um cerco ao Candomblé de Procópio à Mata Escura.

Ogunjá em juízo:

Procópio requereu o habeas corpus. Conforme devem estar lembrados os leitores o Dr. Pedro Gordilho deu uma batida em regra pelo Matatu Grande, acabando com o celebre Candomblé de Procópio. Pois bem, o pai-de-santo não se deu por achado, foi a um advogado e requereu um habeas corpus do juiz Severo Pedreira.".

Neste habeas corpus, como é fácil prever, foi alegado, entre outras coisas, que:

"Procópio com o seu pessoal se achava em prática de um culto legítimo, herança tradicional de seus avós africanos, sem o menor incômodo para os vizinhos, o que portanto é garantido pela constituição". (id., 29/5/1920)

Outra notícia mostra a imagem do Candomblé, comparando-o com os bonecos-teimosos:

> *"O Candomblé é uma instituição na Bahia. Dir-se-ia que ele tem parentesco com esses bonecos-teimosos, que nunca ficam deitados, a não ser se a gente os obrigar a força. Porque o Candomblé tanto que a polícia desvia dele a sua mão repressora, surge de novo a acordar os ecos com a barulheira infernal de seus ritos nagôs." (id., 12/11/1926)*

Sobre a perseguição ao Candomblé, uma outra notícia diz:

> *"De há muito, o delegado Gordilho tinha recebido queixas contra uma mulher que no Moinho da Mata Escura tinha montado um grande consultório no qual atendia a qualquer hora aos necessitados de corpo e alma." (id., 26/1/1924)*

São realizadas denúncias e perseguições:

> *"O 1° delegado efetuou uma diligência que resultou profícua, tendo denúncia de que à Mata Escura, no Engenho Velho, estará funcionando as escancaradas um Candomblé do conhecido Oxumarê, fez cercá-lo à noite, prendendo 15 pessoas que foram transportadas para a estação de Ondina e apreendendo os apetrechos bélicos. A denúncia fora dada pelo parente de uma louca que ali estava em tratamento com assentimento de seu próprio esposo." (id., 3/10/1922)*

Na verdade, a década de 1920 parece ter sido a mais agressiva na perseguição policial ao Candomblé, no limite uma religião de negros, fundada por mulheres. No entanto, o que surpreende é que a perseguição aos Candomblés, as batidas policiais aos terreiros, com certeza, encontraram muitas mulheres, provavelmente negras, que foram também levadas para a delegacia. No entanto, a notícia não mostra a presença feminina. É só no caso do Moinho da Mata Escura que surge uma mulher, mas é sem nome, quase invisível. É quando a mulher rouba que se torna notícia; aqui ela aparece com o seu nome, mas sem sobrenome. Eis o texto veiculado no jornal:

> *"Com essa carestia de vida que vamos atravessando, até as mulheres deram para furtar. Quase sempre encontramos nos livros de queixas da polícia nome de mulheres que furtam. Ontem, queixou-se desse mal à delegacia da segunda circunscrição o Sr. José de Amorim Correia, residente à Rua do Carmo, 24. O Sr. Amorim foi furtado no dia 24 de junho por sua cozinheira de nome Leandra de tal, residente à Rua da Bengala. O roubo foi de alguns utensílios de cozinha, a polícia vai interrogar a cozinheira."* (id., 3/7/1925)

A impressão que se tem é de que o nome da cozinheira Leandra surge porque é protagonista principal do acontecimento, mas o que surpreende é que o jornal, inclusive, justifica "o feito" pela situação socioeconômica que atravessava o estado da Bahia, em que até a mulher pratica pequenos roubos. Essa justificativa ocorre, provavelmente, por dois motivos: a mulher é tão despreparada, frágil, incapaz, que, se roubou, é porque vive uma situação de extrema pobreza; a mulher é um ser tão honesto que se roubou foi devido à situação-limite em que vive.

Parece que essas duas versões sobre o roubo da cozinheira se completam. Mas, apesar do roubo dos utensílios de cozinha realizado por Leandra, os jornais continuam noticiando: "*necessita-se de cozinheira e de ama*" (id., 3/7/1925). Nesses anos 20, tais anúncios são diários nos jornais baianos. Tanto é assim que, segundo o censo de 1920, "*(...) o setor doméstico, ao abranger os mais variados tipos de empregados, inclusive a cozinheira e a ama de leite, apresenta a taxa de 80,31% ocupados pelo feminino, enquanto somente 19,69% são ocupados pelo masculino*" (Ferreira Filho, 1993). Ainda em relação ao censo de 1920, para Ferreira Filho: "*o item profissão não declarada e sem profissão totaliza para a população maior de 21 anos a taxa de 4,48% de homens, enquanto que as mulheres constituem a sua maioria absoluta (95,52%)"* (ibid.).

O fato de o feminino se alocar no item "profissão não declarada" tanto para Ferreira Filho, quanto para Dias (1984, p. 45), diz respeito ao não pagamento do fisco das rendas advindas do pequeno comércio clandestino, fixo ou ambulante. Se as mulheres dos estratos altos e médios viviam enclausuradas no espaço privado, a mulher pobre, cuja maioria era negra, andava pela cidade, lavando roupa.

> *"A lida dessas mulheres exigia um continuo ir e vir pelas ruas, de trouxa à cabeça, a caminho de fontes públicas ou das casas que as contratavam. Algumas prestavam serviço na própria casa dos patrões, onde em dias combinados lá chegavam e desbastavam o cesto de roupa suja. Outras de mais sorte, se contassem com uma cisterna em casa, podiam executar o serviço sem ausentar-se do lar. O mais comum contudo era a utilização das 'água das públicas'.*
>
> *As fontes do Gabriel, Pereira, Padre, Pilar, Água de Meninos, Queimados, Pedras Novas, Dique, Tororó, dentre outras tantas espalhadas pela cidade, eram lugares ruidosos, frequentados por centenas de pessoas, sendo que os aguadeiros, as lavadeiras e os seus filhos pequenos seriam, no fluxo de pessoas que se dirigiam às águas públicas, a presença mais constante."*
>
> *(Ferreira Pilho, 1993)*

As águas públicas eram um dos lugares de sociabilidade das mulheres afrodescendentes. Além da iniciação de suas filhas no ofício, era lá que se faziam as amizades, lá também se brigava; relações de compadrio, tão importantes na época, eram lá estabelecidas. Além das lavadeiras, as vendedoras ambulantes com seus tabuleiros ou no comércio fixo das praças e calçadas invadiam as ruas de Salvador:

"As pretas que vendiam comida na rua, por sua vez, estavam instaladas por toda parte. Na baixinha, nas portas, nos interiores do Mercado Modelo, Santa Bárbara e Pompilito, à Baixa dos Sapateiros, nas imediações das fábricas e nas calçadas do Banco Comercial." (Idem, 1998, p. 26)

Nos anos 30, as mulheres de tabuleiro, as vendedoras das portas, nas ruas, nas praças, continuavam vendendo seus doces, salgados, frutas e flores, como se nada estivesse acontecendo. No entanto, os jornais da época prenunciavam as mudanças e assim os leitores leram no jornal A Tarde, em 4/10/1930: *"Eclodiu a Revolução! A revolução traz novos grupos para o poder".*

"Na realidade, o Estado que se constituiu parece ser a expressão da prolongada crise agrária, da dependência dos setores médios urbanos e da pressão popular. O governo assumiu, a partir de 30, o papel de árbitro das diferentes disputas locais, embora dependa das novas oligarquias que vão se formando ou sobem ao poder, sobretudo nas regiões mais atrasadas."
(Fausto, 1973, p. 220)

A prolongada crise agraria de que fala Boris Fausto é a crise do café, que parece ter seu derradeiro fim com a Quebra da Bolsa de Nova York, em 1929, cujo significado para os brasileiros reside na perda do mercado externo para o café. Esse fato tem, como consequência, muito menos recursos para a aquisição de produtos importados, uma vez que o café era o principal produto brasileiro de exportação. Dessa forma, houve necessidade de produzir aqui tudo o que antes se importava de lá, do exterior. Nessa época começam a surgir nos jornais propagandas de novos bens industrializados produzidos na Bahia, juntamente com os já existentes, como os da indústria têxtil. São desse período as indústrias de móveis, de macarrão, cestas, vidro, louças.

Os anos 30 representam o início do processo de modernização que vivera a sociedade brasileira. É no interior desse processo que ocorrerá a integração paulatina do feminino dos estratos médios baianos ao mercado de trabalho. É também o momento em que ideias feministas, representadas pelas mulheres dos estratos médios e médios-altos, conseguem abrir brechas para o movimento feminista baiano dos anos 30. Nas palavras de Maria Amélia Almeida: "*Salvador teve uma elite de mulheres intelectuais que foram capazes de fazer uma campanha feminista de dimensão e duração significativas - muito provavelmente, só suplantada pela campanha do Rio de Janeiro*" (1993, p. 69). A luta feminista tornou-se mais vigorosa no ápice da campanha nacional pelo sufrágio feminino.

> "*Em 9 de abril de 1931, foi fundada a Federação Bahiana pelo Progresso Feminino sob a presidência de Edite Mendes Gama Abreu, que permaneceu no cargo até o fim da organização em 1948. O movimento contou com cerca de 20 integrantes na sua direção, mas chegou a reunir em suas atividades algo em torno de trezentas mulheres de classes media e média-alta.*" *(id., ibid., p. 64)*

É claro que, naquela época, na Bahia, esse movimento tinha como base o que era noticiado pelos jornais da época: "*o amor, o matrimônio e a família, esta pedra triangular que serve de base a toda a sua fortaleza*" (id., ibid.). Destacava-se, também, a ligação das feministas com a Igreja Católica, como mostra Almeida: "*lá está a FBPF num amplo programa de aperfeiçoamento pela evangelização da paz e da caridade*" (Imparcial apud id., ibid., p. 67). Outras impressões das feministas são apontadas pela mesma autora: "*(...) a alma da mulher é sempre voltada para as grandes cruzadas do bem, ser mulher é compadecer-se da miséria da criatura e realizar-se dia por dia o milagre da redenção*" (id., ibid., p. 67).

Parece que as mulheres baianas souberam como deviam aliar-se à Igreja católica para receber o aval dessa instituição tão importante na vida de suas famílias. Vale lembrar que, na década anterior, essa mesma Igreja era um dos poucos espaços públicos frequentados pela mulher dos estratos altos. Além disso, não pode ser esquecido que, se as mulheres feministas baianas tivessem atuado de outra forma, provavelmente, não teriam tido sucesso. Não obstante, nesse mesmo período, foi veiculada a notícia de que as mulheres baianas conseguiram algumas vitórias:

> *"A vitória do feminismo na Bahia: a brilhante sentença do juiz de direito de Casa Nova conferiu à mulher baiana, de acordo com a constituição federal, o direito do voto no estado da Bahia. A primeira eleitora do estado da Bahia: Anísia Ferreira Campos."*
>
> *(A Tarde, 30/1/1934)*

No entanto, se a cidade vive um processo de modernização, se, além de tecidos, as fábricas baianas já produzem móveis, louças, vidro; se a mulher baiana dos estratos médios já inicia sua trajetória no mercado de trabalho, se as mulheres dos estratos médios-altos e médios são feministas e votam, as mulheres negras continuam levando e lavando roupa nas fontes ou vendendo seus doces, salgados, frutas e flores pelas ruas e mercados de Salvador. Em 1937, Ruth Landes, acompanhada de Edison Carneiro, Manuel (ligado ao Candomblé do Gantois) e Estácio de Lima (médico, professor da Faculdade de Medicina) encontrou Menininha, célebre sacerdotisa, *"(...) sentada na penumbrosa entrada da casa, com um xale preto enrolado na cabeça e no peito a despeito do calor com um tabuleiro de doce num pequeno suporte perto dela"* (Landes, 1967, p. 90).

Parece que as vitórias das mulheres dos estratos médios e médios-altos não diziam respeito às mulheres negras, pois elas já estavam nas brechas que o mercado de trabalho oferecia, eram vendedoras ambulantes, quitandeiras, lavadeiras de roupas, cozinheiras, amas, empregadas domésticas, doceiras, etc., adoravam seus deuses e criaram a sua religião, na qual ocupavam o ápice da hierarquia. Assim, já haviam conquistado muito mais do que as mulheres feministas da época e começavam a reivindicar. Sobre este assunto, Landes diz:

> *"Conversei com Dr. Nestor Duarte. (...) A mulher negra, na sua opinião, era no Brasil uma influência modernizadora e enobrecedora. Economicamente, tanto na África quanto no Brasil, contara consigo mesma e isso se combinava com sua eminência no Candomblé para dar um tom matriarcal à vida familiar entre os pobres, (...) Algumas até tinham educação superior e as poucas que dispunham de recurso tentaram exercer profissões liberais. Eram seres humanos bem desenvolvidos na época em que o feminismo levantava a voz pela primeira vez no Brasil."* (ibid., pp. 86-88)

Se as mulheres negras, que até já haviam ultrapassado as mulheres dos estratos médios e médios-altos em relação aos valores feministas, não foram muito afetadas pelas pequenas vitórias dessas últimas, parece que o pensamento conservador masculino ficou profundamente consternado com as conquistas acanhadas de suas mulheres. Emblematicamente, surge no jornal este artigo, intitulado "O Feminismo" (A Tarde, 7/10/1937):

> *"É a mulher indolente? É a moça brasileira indolente?!*
> *É porque a grandeza não pode senão medir grandeza como pode então Hélio julgar da mulher a fraqueza.*
> *Ela que até então vivera vida de criança, vivida no mundo e entre as causas infantis, era o lar a flor mimosa e genial criatura. Ingênua e descuidada... o encanto e mais nada.*

Para que, então, em um cérebro tão pequeno, cultivar ideias tão elevadas.

Seria inútil até mesmo tentar contra a natureza, pois como poder abrigar objeto bem avultado em espaço tão limitado.

Enquanto Mário deseja ser um bom médico, um engenheiro e mesmo um advogado, Anita tem uma única esperança de ser sempre, sempre, uma criança.

Debalde, seria, assim, esperar que a moça brasileira, depois de receber uma educação superficial, de ser tida sempre como uma pérola oriental de raridade inigualável em que a suavidade de uma cor primorosa levemente prateada a torna mais rara e festejada, pudesse num período assaz curto entregar-se ao trabalho produtivo de qualquer natureza.

Culpá-la seria inverter a ordem dos merecimentos acusando a obra e não o escultor, e pondo, assim, o efeito antes da causa, o que revelaria o contrassenso.

Porque a moça não pode ainda se dedicar à atividade do trabalho inteligente, não significa que ela esteja se furtando a esse gesto nobre de patriotismo, pois, primeiro de tudo, ser mãe e esposa são virtudes inerentes à mulher."

A análise do texto revela, sobretudo, o pensamento evolucionista, tão difundido nessa época. Na verdade, tal pensamento é recorrente desde o final do século XIX e encontra guarida entre os brasileiros, ainda nos anos 30. Surpreende, no entanto, vê-lo escancarado abertamente. Mais precisamente, o fato de o pensamento evolucionista hierarquizar os grupos em superior e inferior não é novidade. O notável é a substância dos critérios. No caso, parece ser o grau de inteligência, que, por sua vez, para o autor, liga-se ao desenvolvimento cerebral, que é avaliado segundo o tamanho. Dessa forma, o tamanho do cérebro é que determinara o lugar que deverá ser ocupado pela mulher na hierarquia evolucionista. Em outras palavras, as relações de gênero são assimétricas e torna-se clara a classificação superior e inferior.

A moça brasileira ocupará o estagio inferior porque é uma criança, diga-se uma criança eterna, no sentido em que o seu cérebro não foi desenvolvido e não o será. A imagem que é transmitida da mulher-criança meio descuidada se realiza na mulher deficiente, cujo cérebro é pequeno. Não pode ser esquecido que o pensamento evolucionista, aliado à prática dos anatomistas, media os crânios e, ao verificar o número obtido, qualificava-os de mais inteligentes e aptos, e vice-versa. Mas não mediam só os crânios, tentavam medir e equacionar o próprio cérebro de homens e mulheres, de brancos e negros no post-mortem.

Nesse caso, o cérebro da mulher, por ser o de uma criança, é pequeno, o que a impede de realizar o trabalho produtivo, isto é, o desenvolvido no espaço público. As atividades desenvolvidas no espaço privado não merecem a denominação trabalho porque são realizadas por um cérebro pequeno, pela mulher. Se o cérebro feminino é qualificado de pequeno é porque existe outro, que é grande e que, por sinal, pertence ao homem, que é, no limite, quem realiza plenamente o trabalho inteligente. Percebe-se, assim, que ao lado de certas vitórias femininas para os estratos médios e médios-altos da população baiana, tem-se a imagem da mulher-criança, deficiente, de cérebro pequeno. Essa contradição expressa bem o momento que se vive, o tempo das transformações que se caracteriza pela pluralidade de pensamentos que podem ser expressos. Dessa forma, se as mulheres de estratos médios e altos são notícia dos jornais devido à entrada no mercado de trabalho e à conquista do voto; se outro grupo de mulheres concorda com o artigo que as trata como mulheres-crianças de cérebro pequeno, há ainda, nesses anos 30, outras mulheres que se tornaram sujeitos do livro do advogado baiano Nestor Duarte, pela autonomia e independência conquistada.

É verdade que existem correntes de pensamento que são hegemônicas. No entanto, em períodos de mudança, uma das características principais é a efervescência de ideias, a multiplicidade de pensamentos. Assim, o que era antes hegemônico tende a se metamorfosear ou a extinguir-se. É nesse sentido que, ao lado do evolucionismo, que tratava a mulher como criança de cérebro pequeno, portanto, deficiente, coexistiam pensamentos reformistas que possibilitaram o voto feminino, ao mesmo tempo em que começavam a pensar o negro de uma forma diferenciada. Em outras palavras, o pensamento evolucionista, que parecia hegemônico, nesses anos, perde o seu lugar. É nesse sentido que, apesar do evolucionismo, com todos os seus etnocentrismos, apesar dos racismos envoltos no mito da democracia racial, a mulher afrodescendente torna-se notícia; porém, o mais surpreendente é que tal fato não é legitimador do mito da democracia racial. Isso se esclarece, pois o Segundo Congresso Afro-Brasileiro, realizado em 1937, teve como consequência, entre outras:

> *"(...) um memorial endereçado ao Govenador do Estado pedindo o reconhecimento oficial do Candomblé como uma seita religiosa com os mesmos direitos de todas as demais formas de expressão religiosa de acordo com a Constituição Brasileira."*
>
> *(Pierson, 1942, p. 11)*

Além do Congresso, deve ser destacada a presença de Edison Carneiro, que parece ter sido um dos grandes protagonistas da abertura de espaços, não só na imprensa, mas na sociedade baiana, para o negro e sua cultura. As palavras de Oliveira referenciam o líder dos estudos afro-brasileiros:

> *"Findos os trabalhos do 2º Congresso Afro-Brasileiro, prosseguiria Edison Carneiro, tornado de fato àquela altura o líder dos estudos africanistas da Bahia, a luta em prol de um melhor conhecimento sobre o negro brasileiro, bem como pela*

devolução do mesmo, da dignidade pessoal que lhe fora retirada no passado histórico do país. E, assim, ainda em 1937 a 3 de agosto, conseguiria fundar não sem grandes dificuldades, dado o sectarismo de alguns grupos religiosos a 'União de Seitas Afro-Brasileiras da Bahia', que teve como o seu primeiro Presidente, Martiniano do Bonfim." (1987, p. 30)

Apesar do Congresso, e de todo o brilhantismo de Edison Carneiro, no período do Estado Novo de Getúlio Vargas, o líder dos estudos afro-brasileiro foi perseguido pela ditadura e se escondeu no terreiro de Mãe Aninha. Em consequência do Segundo Congresso Afro-Brasileiro, duas notícias que dizem respeito à mulher negra - mais do que isso, a duas mães-de-santo - são veiculadas pela imprensa, no jornal O Estado da Bahia:

"Tiveram grande brilhantismo as festas de ontem do Segundo Congresso Afro-Brasileiro. À noite os congressistas em marinete especial foram visitar o Centro Cruz Santa do Axé do Opô Afonjá de D. Aninha, em São Gonçalo no Retiro. Ali os esperava uma festa especialmente preparada para os congressistas. Todo o terreiro estava aberto à visita dos congressistas. A festa do Opô Afonjá encantou sobremaneira os congressistas." (14/1/1937)

"Eco ainda do Congresso Afro-Brasileiro, que aqui se reuniu em janeiro deste ano, foi à festa de ontem no Candomblé do Alaketu, no Matatu Grande. Não tendo podido homenagear no tempo do Segundo Congresso Afro-Brasi1eiro, Dona Dionísia Régis, deu ontem, à Comissão Executiva, uma festa simples mas cordial. A essa festa compareceu um grupo de interessados nos estudos afro-brasileiros, entre os quais o professor Nestor Duarte, acompanhado pelo nosso companheiro de

redação, o escritor Edison Carneiro, da Comissão Executiva do Congresso." (24/ 5/ 1937)

A proposito ainda do Alaketu e do Segundo Congresso Afro-Brasileiro, mais tarde Carneiro escreve:

"Para demonstrar a importância popular do Congresso, a Comissão Executiva, quatro meses depois de encerrados os trabalhos, recebeu, partindo do velho Candomblé do Alaketu, para ali comparecer oficialmente, pois na ocasião do Congresso, a casa estava sofrendo reparos e era impossível nos receber." (apud Costa Lima e Oliveira, 1987, p. 98)

O empenho de Edison Carneiro na divulgação das notícias e nítido. No entanto, tanto Aninha quanto Dionísia tornaram-se notícia de um jornal baiano porque produziram fatos públicos. Na verdade, as duas notícias iluminam, além das festas, a articulação política realizada entre duas mães-de-santo e os intelectuais baianos. As mulheres negras, as mães-de-santo, abrem as portas do terreiro, recebem os intelectuais baianos: são as anfitriãs. É o feminino negro, autônomo e pleno. É Dionísia Régis, é Ana Eugênia dos Santos, é a mulher negra com nome e sobrenome no espaço público baiano.

No entanto, para o olhar estrangeiro norte-americano da antropóloga Ruth Landes *"(...) naquela terra [Bahia], onde a tradição trancava as mulheres solteiras em casa ou as lançava à sarjeta, eu teria sido incapaz de me locomover a menos que fosse escoltada por um homem de boa reputação"* (1967, p. 18). Na realidade, para Landes, a mulher branca sozinha não contava para nada na Bahia. Precisava de um homem para sobreviver. Essa imagem de mulher formulada por Landes se assemelha à situação da mulher baiana dos anos 20. No entanto, as transformações ocorridas não foram mera ficção; assim, tendo a pensar que Landes, pelo fato de viver em Nova York e ser pesquisadora da Universidade de Columbia, teria sentido um impacto muito grande com a posição de submissão da maior parte das mulheres brancas brasileiras.

Ainda é Dona Aninha, Ana Eugênia dos Santos, que nos últimos anos da década aparece no jornal O Estado da Bahia, quando da sua morte:

> *"Mais de duas mil pessoas compareceram e acompanharam a pé o cortejo, até as Quintas, o comércio das mediações da Igreja do Rosário, no Taboão e na Baixa dos Sapateiros, cerrou suas portas em homenagem à Aninha. O Cônego Assis Curvelo, na capela do cemitério, fez a encomendação do corpo, seguindo-se o sepultamento em cova recém-aberta. Falaram, na ocasião, vários oradores, entre eles, Sr. Álvaro McDowell Oliveira, em nome da União das Seitas Afro-Brasileiras da Bahia, o escritor do Centro Cruz Santa e da Irmandade do Rosário." (Costa Lima e Oliveira, 1987, p. 65)*

Nas palavras de Costa Lima, *"é uma ampla matéria em 5 colunas e 3 fotografias"* (ibid.). É verdade, parece que houve mudanças no cotidiano baiano. Se, nos anos 20, a mulher só tornava-se notícia quando transgredia as normas, como no caso da negra que roubou alimentos, nos anos 30 o enterro de uma mãe-de-santo tem tal amplitude que a notícia do jornal é descrita por Costa Lima. No entanto, a perseguição policial não dá tréguas aos Candomblés baianos; tanto é assim que as notícias continuam:

> *"Especialistas em despachos esportistas:*
> *Manoelzinho macumbeiro é o pior inimigo da limpeza pública: aboletou-se há pouco tempo em uma estrada da Cruz do Cosme, nº 256, um macumbeiro conhecido por Manoel-*

zinho, cujos despachos vêm dando lugar a repetidas reclamações dos moradores e transeuntes daquela estrada.

Um pouco abaixo da rua, na margem mesma da estrada há um pé de 'loco', árvore preferida para as práticas fetichistas, onde os tais bozós se acumulam de dia para dia, num montão de imundícies, entre as quais avultam inúmeras aves mortas.

Ao que nos informam, o referido Manoelzinho, pai-de-santo, prestigioso e afamado, é especialista em 'despachos esportistas', pois entre os que lá estão, alguns são 'alvirrubro', 'rubro-negros' e 'tricolores'. Um guarda civil, nos últimos dias, véspera de um grande jogo na Graça, vislumbrou, num dos bozós, as iniciais 'TV' que coincidem com as de conhecido esportista.

Na Estrada da Cruz do Cosme nunca andou a limpeza pública, de sorte que os bozós ficam a empestar o ambiente, obrigando os que passam a levar o lenço ao nariz. Providências a quem? Quem dará um jeitinho nisso?" (A Tarde, 10/6/1937)

O processo de higienização, que teve início na primeira década do século XX, ainda guarda resquícios no final dos anos 30, como mostram essas últimas notícias. No entanto, elas denunciam também como a imprensa clama pelos poderes públicos, no caso, pela polícia. Percebe-se, ainda, nesse período, que muitas vezes os adeptos do Candomblé são os homens da polícia e vice-versa. Essa notícia é exemplar a respeito:

"*O Candomblé avisado a tempo. O 1º suplente do comissário de polícia do distrito da Barra, Sr. José Gomes Ferreira, conhecido pela alcunha de Alexandre ou juiz de Menores, procurou ontem às pressas o Sr. Servílio de Menezes Rosa, o*

> *Pai-de-Santo, avisando-o para não bater seu Candomblé como desejava Pai Vivi, porque a polícia ia ao seu terreiro. O repórter ouviu tal afirmação do próprio Papai Vivi, quando ontem foi ele pedir providências ao Sr. Maximiano Machado, comissário do Distrito do Rio Vermelho."*
> *(O Estado da Bahia, 13/2/1936)*

O Estado da Bahia, de 15/7/1939, produzia o noticiário sobre a Segunda Guerra:

> *"A oposição ao fascismo - Os discursos no Congresso Liberal em Roma. O jornalista Zanetti expressou a esperança que o senado ouça o sentimento popular que se opõe ao esmagamento das liberdades individuais. O senador Croce disse que o partido deve adotar em relação ao fascismo o desafio de Prometeu."*

Os anos 30, enfim, mostraram-se repletos de transformações e contradições na Bahia. O processo de modernização faz com que as mulheres dos estratos médios e altos possam entrar no mercado de trabalho, embora de maneira reduzida, e lutem pelo direito do voto, obtendo vitória. Ao lado, tem-se o pensamento evolucionista que, ainda com vigor, pensa a mulher como incapaz para o trabalho produtivo, que é valorizado como o trabalho inteligente próprio do masculino, a metade inteligente da relação de gênero. Mas, no mesmo período, mulheres negras e mães-de-santo são anfitriãs de intelectuais pertencentes à academia para celebrar o Segundo Congresso da Cultura Afro-Brasileiro. Não obstante, o Candomblé continua perseguido; porém se percebem divisões, tanto na imprensa quanto na polícia relacionadas a essa religião. O jornal O Estado da Bahia, provavelmente sob a influência de Edison Carneiro, veicula notícias afirmativas das religiões afro-brasileiras, enquanto A Tarde, notícias negativas relativas à perseguição policial. A polícia, da mesma forma, encontra-se dividida: enquanto uns policiais perseguem o Candomblé, outros, adeptos da religião, avisam os terreiros.

Além disso, vive-se um período de modernização, ao mesmo tempo em que a ditadura de Vargas reitera, muitas vezes por motivos ideológicos, a liberdade dos indivíduos, valor fundamental da vida moderna. Na Europa, no final dos anos 30, eclode a Segunda Guerra, com repercussões para o Brasil e também para a Bahia. Os anos 40 iniciam em meio às efervescências dos anos 30; as notícias da Segunda Guerra ocupam as primeiras páginas dos jornais: a Rússia critica a Itália pelo acordo com a Alemanha. Se o nazismo parece não encontrar adeptos na Bahia, os jornais parecem não querer noticia-lo. No entanto, o fascismo, às vezes, não é visto como uma ideologia autoritária.

Pirandello, o dramaturgo, ao julgar o domínio do fascismo diz: "*Mussolini criou a unidade verdadeira ao pensamento patriótico que constitui e constituirá, de ora em diante, a consciência nacional*" (A Tarde, 6/5/1941). No entanto, no final da guerra: "*as ideias fascistas e nazistas são criticadas porque, além de esmagar as liberdades fundamentais, o nazismo é selvagem, não se imagina o que acontecia nos Campos de concentração*" (A Tarde, 3/3/1945). Se a Segunda Guerra foi tratada com seriedade pelos jornais, também havia algumas brincadeiras que pareciam dirigidas ao conflito (A Tarde, 6/5/1944):

> "*A musa risonha*
> *Dois sábios professores*
> *Bern e Schmidt*
> *Que são como diz o Eça*
> *Dois sábios d'oppetite*
> *Acabam de dizer*
> *Que a França breve*
> *Vai desaparecer...*

E pelo resto do Orbe
Terrificado, o mudo
Só a voz da mulher
Rolando estrangulada
Paris! A França devastada
Ó França! Tu tiveste
O pior dos destinos
E nós,
  onde acharemos mais os figurinos..."

No início da guerra, se os baianos brincavam, ironizando a fama da França em relação à moda, ironizavam mais ainda o feminino que se utiliza do figurino. No entanto, em relação à entrada da mulher no mercado de trabalho, o homem não ironizava e parecia preocupado. Assim, nos anos 40 aparece outra matéria jornalística que trata da questão. O artigo intitula-se "O trabalho da mulher":

> *"Alguns fatores pareciam assinalar a conclusão de que efetivamente as mulheres odeiam o trabalho; ainda que por outro caminho se chegue à condução oposta. Não cabe duvidar que as mulheres podem trabalhar, sem contar que elas podem fazer alguns trabalhos melhor do que os homens. Entretanto, é discutível a tese de que se as mulheres trabalham é porque gostam de fazê-lo. Esta conclusão é falsa como se pode facilmente demonstrar. As mulheres raramente estimam o processo em si mesmo, ao passo que os homens em grande quantidade o estimam." (A Tarde, 6/6/1944)*

Nos anos 40, a imagem da mulher parece ter-se transformado. Dito em outras palavras, o artigo evolucionista dos anos 30, que iluminava a mulher-criança de cérebro pequeno e incapaz, deu lugar a outro, que focaliza o trabalho feminino tendo como critério o prazer. Dessa forma, é a subjetividade feminina que está em jogo. Essa subjetividade diz para homens que as mulheres não estimam o processo de trabalho, enquanto os homens, sim. É surpreendente como os homens avaliam as mulheres, penetram na sua subjetividade. Na verdade, a imagem feminina transformou-se, mas a relação de desigualdade permaneceu. Na mesma época em que se discute o trabalho feminino, cresce o número de eleitores baianos: *"o contingente eleitoral da Bahia já atingiu 383.034 alistamentos, esse número diz respeito aos 119 dos 150 municípios baianos"* (O Estado da Bahia, 6/8/1945).

No entanto, esse progresso relativo aos eleitores diz pouco quando se trata da mulher, a qual, mesmo possuindo o direito ao voto, segundo Amado, *"ainda vive sob um regime absolutamente feudal na Bahia"* (1944, p. 56). Mas as contradições continuam a vigorar. Tanto é verdade que surge a notícia da "Assombrosa vida de Dom Silvério":

> *"O centenário de Dom Silvério Gomes Pimenta, para que evoquemos a vida beata, a sabedoria alta, o coração humilde e a fé invicta, é um símbolo da nossa democracia racial. Nasceu na miséria e subiu ao episcopado."*
>
> *(A Tarde, 6/2/1940)*

Donald Pierson, em sua pesquisa nesse mesmo período na Bahia, notou que o processo de branqueamento estava em curso. Em suas palavras: *"esses mulatos queixavam-se amargamente. Outro preto zangado pelo comportamento pretensioso de um de seus parentes mulatos: - Canalha! Renegar seus avós, seus tios e tias e até seus próprios pais"* (1945, p. 202). Se a democracia racial fosse uma realidade, a notícia de Dom Silvério prescindiria de marcar a frase: *"é um símbolo de nossa democracia racial"*. Da mesma forma, a existência da democracia racial implica não-racismos e, portanto, também, não-branqueamentos. Mas o "achado" de Pierson revela, pelo contrário, o branqueamento processando-se.

Dessa forma, o racismo existe e a democracia racial brasileira é um mito. Esse mito ganha maior visibilidade nos anos 40 na Bahia. É porque é mito que a perseguição aos Candomblés continuava, se bem que de outra maneira: torna-se implícita. Nota-se, inclusive, mudança de tom na notícia, se comparada com as das décadas anteriores. "*Todas as mães-de-santo e demais pessoas envolvidas no caso foram ouvidas, apurando-se entre as coisas que até um investigador era filho-de-santo*" (A Tarde, 19/2/1941). Seguindo informações orais de um antigo delegado da época, não havia mais perseguição; quando acontecia alguma coisa, era por parte dos civis: "*os militares quando iam aos terreiros, iam para protegê-los*" (Dr. Novato, delegado de polícia nos anos 40 em Salvador).

Se a polícia, nos anos 30, já estava dividida entre os que encaravam o Candomblé com simpatia e chegavam a ser seus adeptos e os que perseguiam a expressão religiosa, nos anos 40 parece haver uma nova divisão entre os policiais militares e civis. A Segunda Guerra terminou com a derrota dos totalitarismos, nazismo e fascismo. Os expedicionários baianos que foram à Europa lutar retomam e marcham no Centro da cidade. É o momento dos tratados de paz. É nessa década ainda que, em Matatu das Brotas, no terreiro do Alaketu, Olga Francisca Régis torna-se mãe-de-santo, aos 23 anos de idade. A sacerdotisa nasce nos anos 20 e torna-se iyalorixá nos anos 40. Nessa época, quem presidia o terreiro do Gantois era Menininha. No Axé Opô Afonjá, Mãe Senhora; no Engenho Velho, Tia Massi.

OLGA DE ALAKETU, A MULHER-VENTO

"*Eu sou Olga Francisca Régis!*" Foi dessa forma que a sacerdotisa iniciou a narração de suas lembranças. Essa frase surpreende, pois já coletei lembranças de muitas mulheres e li muitas outras, mas nunca havia me deparado com frase semelhante. O lugar ocupado pela identidade e a forma como foi revelada sugerem inúmeras interpretações.

Em uma primeira impressão, poderia admitir que o dito é de uma mãe-de-santo que tem um grande poder. Entretanto, já ouvi e li muitas histórias de vida, especialmente de mães-de-santo, e também nesse universo não encontrei depoimento semelhante. Essa mãe, no entanto, não só iniciou a sua narração como repetiu: *"eu sou Olga Francisca Régis"*.

A história dessa sacerdotisa, que se confunde com a história de seu templo - o Alaketu -, tem fatos importantes que fazem com que ela tenha muito orgulho em se identificar. Em suas palavras:

> *"Eu descendo... o Alaketu descende de duas irmãs gêmeas africanas. Elas foram raptadas pelos inimigos que invadiram o reino de Ketu; eu conheço, eu já fui lá. Depois as gêmeas foram vendidas como escravas e foram para a Bahia. A princesa Otampê Ojarô tinha 9 anos quando chegou. Minha filha, o Orixá não falta, como a princesa era filha de Oxumarê ele se disfarçou em um homem muito rico, foi lá onde vendia os escravos e comprou as gêmeas, e deu a liberdade! Elas voltaram para a África, Otampê Ojarô casou e voltou para o Brasil, e fundou o meu terreiro".*

Tanto Vivaldo Costa Lima quanto Renato da Silveira atestam que o terreiro de Alaketu foi fundado por uma africana cujo nome era Otampê Ojarô. Nas palavras de Costa Lima, *"a tradição diz que o terreiro foi fundado por uma africana, originaria de Ketu, que veio para o Brasil com a idade de 9 anos e recebeu o nome de Maria do Rosário. Seu nome africano era Otampê Ojarô"* (Costa Lima, 1984, p. 24). Diz ainda: *"o nome Ojarô, uma abreviatura de Ojá Arô, é nome de uma das cinco famílias reais conhecidas em Ketu e de onde até hoje são escolhidos os Alaketu, num sistema rotativo"* (ibid.).

Renato da Silveira, por sua vez, diz:

> "Entre os primeiros escravos provenientes do reino de Ketu vieram pessoas da família real Arô capturadas na cidade de Iwoyê, trinta quilômetros ao sul de Ketu-Ilê, completamente arrasada pelos daomeanos. A mãe do Alaketu, Akebiorru, era natural desta cidade, que tinha relações muito estreitas com a capital. Por outro lado, uma investigação realizada por Costa Lima, na própria cidade de Ketu-Ilê, confirmou as tradições orais do terreiro baiano do Alaketu.
> Durante o reinado de Akebiorru (1780-1795), os daomeanos sequestraram na periferia da capital duas irmãs gêmeas pertencentes à família Arô de 9 anos de idade... uma delas, chamada Otampê Ojarô... "fundou entretanto, na Bahia, o Candomblé do Alaketu." (2000, p. 85)

Ainda é Silveira quem continua narrando:

> "Vieram, portanto, para a Bahia, várias pessoas da família real Arô e o espaço público mais apropriado para acolhê-las era a Irmandade da Barroquinha, com sua clientela vinda das regiões vizinhas do reino de Ketu, com língua, costumes e deuses muito parecidos. 'Okê Ode, Okê Arô', que é a saudação a Oxóssi na Casa Branca e suas filiais, indica que os primeiros ketus chegados à Bahia foram filiados à Irmandade dos Martírios e participaram da fundação do Candomblé. Otampê Ojarô não foi a primeira mãe-de-santo da Barroquinha porque ainda era uma criança quando aqui chegou. Outra mulher da família Arô, quiçá da cidade de Iwoyê, iniciada no culto de Odé plantou os fundamentos da primeira casa de Ketu da Bahia." (ibid.)

As lembranças dessa sacerdotisa, ao que parece, além de confirmarem a afirmação de Silveira, propiciando discussões sobre a origem do terreiro que remonta à África, iluminam, ainda, aspectos míticos. Como diz Olga: "*Oxumarê, que se disfarçou em um homem muito rico, foi lá onde vendiam os escravos, comprou as duas gêmeas e deu-lhes a liberdade*". Entre os mitos de Oxumarê, existe um que narra, justamente, a sua transformação de homem pobre e sem fama em homem rico, quando curou o filho da rainha Olocum. E seu rei, "*para não ficar abaixo de Olocum, ofereceu a Oxumarê uma roupa vermelha muito preciosa e muitos e muitos outros presentes. Foi assim que Oxumarê tornou-se rico e respeitado*" (Prandi, 2000, pp. 225-226). Tão rico e respeitado que, no Brasil, especialmente na Bahia, Oxumarê foi ao mercado de escravos e comprou as princesas gêmeas e as salvou da escravidão.

Há muitas razões para Mãe Olga sentir-se orgulhosa de sua identidade. Mais do que isso, de suas origens, uma vez que, além de descender diretamente de uma princesa africana, como ela própria relata e Vivaldo Costa Lima e Renato da Silveira confirmam, há a interferência divina de Oxumarê para que as terras do Reino do Alaketu, destruídas pela invasão dos daomeanos, pudessem ser recriadas ria Bahia. Mas não foi só Oxumarê que participou da vida de Olga, interferindo na fundação do Alaketu, outro deus interferiu no renascimento da sacerdotisa. Assim, ela conta:

"*A minha mãe estava grávida, de cinco ou seis meses; meu pai já tinha ido embora, então ela achou que eu não deveria nascer, tomou remédio, coisa e tal, e quase morreu. Então foi que Orunmilá, nosso adivinho, deixou recado para que minha mãe não tomasse mais remédio nenhum, pois eu deveria nascer porque eu tinha uma tarefa: tomar conta do terreiro; eu que ficaria no lugar de minha tia. Pois assim que nasci; no dia 9 de setembro, às 4 horas da manhã, eu nasci no Alaketu, na Rua Luiz Anselmo, no Matatu-Grande, em 1925.*"

Mas há mais fatos importantes:

> "Naquele mesmo dia, às 5 horas da manhã, chegou uma filha-de-santo na nossa casa, com o santo já manifestado, o santo me pegou e me levou para o quintal, junto ao pé de Irôco que é aquela árvore, ali mesmo, fez a minha obrigação para ela."

Penetra-se diretamente na cosmologia à medida que há interferências divinas constantes ao longo da vida de Olga e de seu templo. A fundação do Alaketu está diretamente referida ao mito de Oxumarê, o nascimento de Olga tem a intervenção de Orunmilá; o seu nascimento para o Candomblé encontra em Irôco a divindade primeira, pois Olga fez obrigação assim que nasceu.

Para analisar essa situação repleta de divindades, chamo Vernant (1971), quando reflete sobre o tempo e a memória mítica. Assim, Mãe Olga se constitui como adivinha e poeta ao mesmo tempo, pois se, de um lado, ela prevê o futuro através do oráculo, de outro, o passado também lhe é revelado. O adivinho tem o dom da "vidência", privilégio que teve de pagar ao preço dos seus olhos. Na realidade, aqui parece haver uma ambivalência entre a cegueira e a clarividência. Quem fará a conciliação entre esses opostos é Jundiara. Mãe Olga, entre os 10 e 11 anos, também teve problemas com os olhos; ficaria cega se não tivesse havido a intervenção divina, que lhe propôs uma troca. Deveria receber e celebrar o caboclo Jundiara com uma missa católica e muitas frutas e, em troca, ficaria com a "vidência" e continuaria a ver com seus próprios olhos através da intervenção do caboclo Jundiara.

No mito da constituição do Alaketu, o deus que a inspira é Oxumarê; para que seu nascimento ocorresse houve a intervenção de Orunmilá; e sua iniciação foi propiciada por Irôco, mostrando uma realidade que escapa ao olhar humano. Essa dupla visão que Olga detém age sobre as partes do tempo que são inacessíveis às criaturas mortais: de um lado, o que aconteceu outrora, de outro, o que ainda não é. Porém, tanto no caso da constituição do Alaketu, quanto na história de seu próprio nascimento, quanto na de seu renascimento, Mãe Olga é a poeta que se orienta, nesse momento, exclusivamente para o passado. Mas não para o seu passado individual e tampouco para o passado geral como se fosse um quadro vazio, independentemente do que nele se desenrola; está, sim, diretamente orientada para o tempo antigo, com seu conteúdo e qualidades próprias. É a idade original. É o tempo primordial. Tanto isso é verdade que no tempo da constituição do Alaketu os deuses viviam com os homens: é o tempo das origens.

É nesse tempo que Oxumarê se transformou em um homem muito rico; Orunmilá, o adivinho, manda recados para a mãe da sacerdotisa, informando sobre a importância de sua filha nascer; Irôco, a divindade, escolhe Olga para sua filha. O que ocorre é que Mãe Olga conhece esse passado porque tem o poder de estar presente nele através da memória que vai até o além. Mais precisamente, a memória faz cair a barreira que separa o passado do presente. O privilégio que Olga vivencia é o que a memória divinizada lhe confere, o contato com outros mundos: dos Orixás, dos caboclos; a possibilidade de entrar nesses mundos e deles sair livremente.

O passado aparece como uma dimensão do além. Por essa razão há muitas dificuldades e grandes discussões quanto à data da fundação do terreiro. De um lado esta Mãe Olga, que pensa segundo outro tempo, o tempo das origens, dos Orixás, de Oxumarê. Na verdade, a sacerdotisa participa de dois mundos: dos homens e dos Orixás. Ao participar do mundo dos deuses, vive o tempo reversível próprio do mito, da poesia. Portanto, para Mãe Olga, é muito difícil datar qualquer fato, especialmente aquele da fundação do terreiro, que contou com a presença de Oxumarê. O tempo dos deuses não segue o ponteiro do relógio, que marca o tempo dos acontecimentos. Pode ser que devido a esse fato a sacerdotisa diga: "*está lá escrito*" (ao se levantar o olhar sobre uma das portas do barracão do Alaketu, lê-se 1616).

De outro lado estão seus filhos consanguíneos, aliados a alguns estudiosos do Candomblé que tem como referência o tempo linear, o tempo das datas. "*A tradição oral da casa sugere sua fundação no fim do século XVIII*" (Costa Lima, 1984, p. 34). Na verdade, Mãe Olga tem duas memórias: a primeira comum, própria dos mortais; a segunda, divinizada, notadamente ampliada, cuja reconstrução do passado remonta ao tempo das origens. Nos momentos em que há interpenetração entre as duas memórias é impossível participar do tempo linear próprio da realidade do cotidiano baiano. Segundo o tempo linear, na época em que Olga nasceu, os jornais da cidade da Bahia não revelavam nem a presença feminina nem a presença de negros. Mais precisamente, percebia-se a presença feminina por meio da propaganda de remédios dirigidas às mulheres, provavelmente brancas, de estratos sociais médios e altos que tinham contato com o jornal. Além das propagandas, encontram-se notícias sobre educação: seja a inauguração do busto do grande educador baiano Abílio César Borges, seja a greve nas faculdades de Direito e Medicina. Mas se os jornais não noticiavam a presença de mulheres nem de negros, as mulheres negras existiam, apesar de não frequentarem as faculdades e não tomarem os remédios que apareciam nas propagandas dos jornais (elas faziam os seus, com ervas). Tanto que em Matatu das Brotas localizava-se um templo cujo ápice da hierarquia era ocupado por uma mulher, Dionísia Francisca Régis, que nesse período ganhou uma filha - que seria sua sucessora - de sua sobrinha Etelvina Francisca Régis.

Ainda sobre o seu nascimento, Olga lembra: "*eu nasci de duas mães: Etelvina Francisca Régis, minha mãe, e de Dionísia Francisca Régis, tia de minha mãe e tia avó minha*". Essa informação, de início pode causar certa estranheza, que logo se dissipa quando se a confronta com as ideias de Scott sobre matrifocalidade. A interpretação das palavras da sacerdotisa em relação às suas mães ganha significado ao ser remetida a noção de matrifocalidade, vivida tanto na família consanguínea quanto na família de santo. No limite, essa última é um dos elementos mais importantes da manifestação religiosa de que fala esse autor.

A família consanguínea de Olga mostra, sem sombra de dúvidas, a constituição da matrifocalidade, que se traduz em relações mais solidárias entre a mãe e seus filhos. Levando-se em conta que o pai de seus filhos já e falecido, destaca-se, no entanto, que durante as conversas, em que as lembranças ocuparam um papel fundamental, o lado paterno nunca foi lembrado pelos filhos. As lembranças, pelo contrário, sempre evocam o lado materno. *"a minha mãe Dionísia... a minha mãe Etelvina... a minha tia me contou que..."*. Essas evocações de Olga são reproduzidas por seus filhos. Assim, eles lembram:

> *"A minha mãe sempre falou que...* (Nirinha);
> *A minha mãe lembrou, então...* (Janinho);
> *Quando minha mãe viajava...* (Nicinho);
> *Quando, antigamente,*
> *minha mãe ia para São Paulo...* (Zequinha);
> *A minha mãe, quando quer alguma coisa,*
> *mas sempre foi assim...* (Jojo)."

Por um lado, percebe-se que a matrifocalidade parece uma herança a ser transmitida. No caso das filhas da sacerdotisa, os maridos ocupam um lugar externo ao núcleo familiar, que é constituído pela mãe e seus filhos. A família de Santo, por outro lado, mostra que o lugar ocupado pela sacerdotisa é o centro em torno do qual gravitam os seus membros. Em outras palavras, todas as decisões que refletem as possíveis ações que ocorrem no terreiro são dirigidas pela mãe-de-santo. Nas palavras de Costa Lima:

> *"É a mãe-de-santo que dirige, efetivamente, toda a atividade da casa: as cerimônias públicas das grandes festas dos Orixás*

> *maiores do terreiro e os ritos privados de que só os filhos da casa participam; o ossé semanal dos santos; a disciplina dos filhos e a economia do terreiro; os mecanismos de promoção e de mobilidade intergrupal e a assistência espiritual e material à imensa variedade de situações de crise e de necessidades de todos os seus filhos e suas famílias." (1998, p. 34)*

No entanto, para Olga ocupar o ápice da hierarquia do Alaketu e desenvolver com sabedoria seus papéis, um longo caminho foi percorrido. Em outras palavras, para ser uma sacerdotisa, foi necessário aprender iorubá, pois, como diz a mãe-de-santo:

> *"Eu sei o que estou falando, não sou como outras pessoas que repetem palavras. A minha vida não era de uma criança comum. Eu também brincava de bonecas, tinha amigas... Mas tive uma educação para as obrigações; tive que aprender os contos, as histórias, que são necessárias para as obrigações; para aprender devia estar junto com as velhas do Alaketu, eu sempre estava. Este saber se aprende devagar; não, não é como é hoje, entrou saiu e mãe-de-santo.*
> *Minha tia sentava comigo e contava o que os velhos traziam consigo para o Brasil, os ensinamentos, os fundamentos; eu ia aprendendo a conhecer as folhas para os vivos e fazer a obrigações para os mortos. Hoje parece que não tem mais nada disso, as tradições se acabaram. Veja, até as grandes festas, como Nossa Senhora da Luz, hoje não tem mais nada, restou alguma coisa dos cultos africanos na lavagem do Bomfim. Mas, hoje, acabaram com quase tudo. A lavagem era feita pelas mulheres do Candomblé, iam de carroças enfeitadas, levavam o barril de água enfeitado, fazia samba. Mas samba... A festa de São Cristóvão era outra que todo mundo ia, tinha comida africana. É bom para quem está chegando*

agora, mas para quem viveu mesmo, não interessa. Mas o que sinto mais é o Candomblé se acabando, claro que não é na minha casa."

As lembranças dessa mãe-de-santo iluminam o passado em confronto com o presente. À medida que Olga compara os dois tempos, desponta no presente uma certa desilusão com o Candomblé. A formação que teve e que lhe permitiu um saber específico para ser sacerdotisa dessa expressão religiosa parece não ser mais necessária para se tomar mãe-de-santo. Como ela diz: *"entrou, saiu: é mãe-de-santo"*. Não se aprende mais com os velhos.

Ao lembrar-se desses saberes, associações são feitas e destacam-se os cultos e a comida africana. Isso ocorre porque o saber que os velhos lhe ensinavam era o africano. Em outras palavras, o saber africano estava no Candomblé, nos cultos religiosos das festas dos santos católicos, porque, sem dúvida nenhuma, aqui o sincretismo esteve sempre presente, também na comida. No entanto, se Olga está desiludida com o Candomblé, inclusive devido à má formação das mães-de-santo, as lembranças de uma de suas filhas mais ilustres, Mãe Beata de Iemanjá, e de sua penúltima filha-de-santo mostram que a velha sacerdotisa fez tudo como a religião pede. Assim, Mãe Beata lembra:

"Eu estava muito doente e conhecia uma vizinha de Olga que me levou ao terreiro, chamada Dada. Quando cheguei, o barracão estava cheio de gente, eram 2 horas da tarde de uma terça-feira, do fim de março. Olga estava jogando, virou-se e pediu para Dada levar-me até ela porque iria atender-me na frente dos outros. Quando me chamou, levantei-me assustada, conforme começou a jogar para mim disse: faça santo urgente! Você é de Iemanjá com Ibeji; tem problema com Exu (eu nasci em uma segunda-feira, ao meio-dia, do dia 20 de janeiro de 31, em uma encruzilhada). Eu respon-

> *di que não tinha dinheiro, nem para fazer o ebó que ela estava me recomendando. Ela mesma me deu o dinheiro para comprar frango, vela e cachaça e mandou que voltasse para fazer o ebó que não era nada."*

Ainda é a mesma mulher que continua lembrando:

> *"Quando fiz o Santo, naquele tempo ninguém tinha dinheiro, Olga quem arcou com tudo, ninguém podia, como ia pagar. Ela tinha amizades com gente de dinheiro, e ela deu desde o bicho de quatro pés, tudo o que precisava. Nos não éramos poucas, éramos nove mulheres, além do pessoal que ajudava na feitura do santo como o Procópio de Ogunjá, Amélia de Iansã, Arcanja de Xangô, Irene do Bamboxê."*

As lembranças dessa filha-de-santo de Olga iluminam vários aspectos importantes do cotidiano do Alaketu, como as relações que ocorriam entre os terreiros, mais precisamente as alianças político-religiosas de que a sacerdotisa participava. O famoso Procópio de Aganju, aquele que foi perseguido, que se tornou notícia de jornal e inspirou Jorge Amado por ter enfrentado a polícia discutindo os direitos religiosos, era um dos que participavam, auxiliando Olga na feitura do Santo de um barco relativamente grande de nove mulheres. Além dele, encontravam-se também Amélia de Iansã, Arcanja de Xangô e Irene de Bamboche, representando, cada uma, terreiros importantes de Salvador.

Ainda as lembranças dessa filha-de-santo mostram uma mãe disponível e generosa, que providencia o que e necessário, tanto para a feitura de nove mulheres que se tornaram suas filhas-de-santo, quanto para a realização de ebós de quem deles necessitava. Mas a generosidade de Olga vai além, ao ensinar os saberes. Não é toda mãe que ensina, pois receiam a competição. Assim, o comportamento de Olga corresponde à descrição de Costa Lima, quando qualifica as ações relativas a uma mãe-de-santo: "*a assistência espiritual e material em situações de crise a todos os seus filhos e filhas, e suas respectivas famílias*" (1998). Além disso, destaco o papel de transmissão de ensinamentos, pois, como a própria sacerdotisa diz: "*saia pelo mato para ensinar as filhas para que servem as folhas*". Sobre esse mesmo assunto, a penúltima filha-de-santo de Olga diz: "*ela quer me ensinar e tudo que pergunto, responde*".

Os custos para a feitura do santo, em uma impressão preliminar, parecem corresponder a um principio mais geral do Candomblé: "*quem pode paga, quem não pode não paga*" (Bernardo, 1986). Mas essa ideia logo se dissipa, seja pelas ações que uma mãe deve desenvolver, descritas por Costa Lima, seja pela característica da matrifocalidade, da troca de favores entre mãe e filhos, seja, ainda, pelo significado das palavras de Olga: "*(...) como cobrar de um filho que vai nascer; para um filho que nasce, uma mãe deve se dar*".

Trata-se, não só da matrifocalidade que desponta com toda sua densidade, mas também da noção de matrilinearidade, que surge conjuntamente. Esse último conceito ganha sentido com a "*norma de que os filhos pertencem sempre ao grupo da mãe, a descendência é matrilinear*" (Brown, 1972, p. 32). Ainda sobre matrilinearidade, diz o mesmo autor: "*em uma sociedade estritamente matrilinear, um homem não tem direito in rem sobre seus filhos, ainda que habitualmente tenha alguns direitos sobre a pessoa. Os direitos pertencem à mãe e aos parentes desta.*" (id., ibid., p. 54) Sobre esse assunto, Olga diz: "*no Alaketu, não tem homem como principal, só rainhas, sempre foi assim; até quando Oxóssi quiser; lá não muda; eu sou a quinta geração, a primeira rainha foi Maria do Rosário Francisca Régis*".

Essa declaração remete diretamente à sucessão do terreiro de Alaketu para a noção matrilinearidade. É através da linhagem materna que são escolhidas as sacerdotisas desse terreiro. Olga, inclusive, acrescenta:

"A minha sucessão, sete anos antes, será indicada pelos Santos, a minha sucessora não sou eu quem escolhe, são os Orixás que escolhem quem eles querem que seja a rainha, uma das minhas filhas, netas etc."

Na verdade, os Orixás escolhem a sucessora na família consanguínea da sacerdotisa, pois, segundo Costa Lima: "dois exemplos marcantes do sistema familiar, se confundindo com a descendência de santo, são os candomblés do Alaketu e o Gantois" (1998, p. 41). A interpenetração entre as duas famílias é tal que, para quem é de fora, torna-se difícil saber se o tio, a tia, o primo, é de santo ou consanguíneo[10]. Costa Lima mostra, através do diagrama da página seguinte, as cinco gerações de Olga Francisca Régis.

Percebe-se que, desde a princesa Maria do Rosario – Otampê Ojarô -, o ápice da hierarquia do terreiro tem sido ocupado pelo feminino: Acobiodé, Iá Merenunde, Dionísia Francisca Régis e Olga Francisca Régis. Está claro que se a família consanguínea se confunde com a de santo, é porque a primeira também segue o principio matrilinear. Tanto é assim que o famoso jogo de búzios de Olga de Alaketu é prova da matrilinearidade, tanto na família de santo, quanto na consanguínea, pois no inicio, antes da primeira jogada, ao começar a orar, a sacerdotisa pede o nome e o sobrenome da cliente, só que este último só do lado materno. Todo o jogo, especialmente as relações do presente com o passado, desenrola-se através da matrilinearidade.

---

[10] Tanto isso é verdade que, precisando de algumas informações, como narrei na introdução, as filhas de Olga mandaram que eu fosse entrevistar uma de suas tias, portanto, irmã da sacerdotisa, para saber alguns detalhes de quando eram jovens. Eu não tinha dúvidas de que estava indo ao encontro de uma irmã consanguínea de Olga. Somente depois de conversar com Delinha é que percebi que ela era tia, sim, mas de santo, das filhas consanguíneas de Olga.

DIAGRAMA GENEALÓGICO DA IYALORIXÁ OLGA FRANCISCA RÉGIS

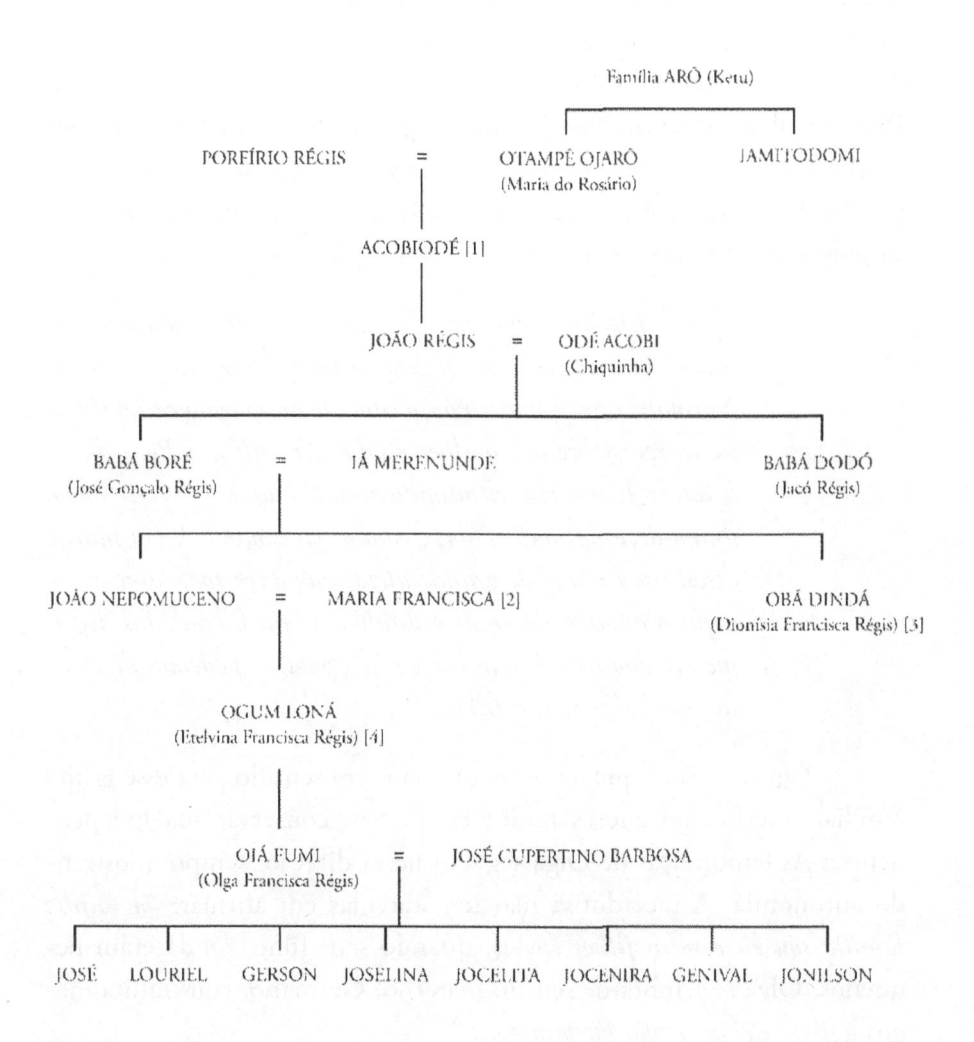

Família ARÔ (Ketu)

PORFÍRIO RÉGIS = OTAMPÉ OJARÔ   JAMETODOMI
                 (Maria do Rosário)

ACOBIODÉ [1]

JOÃO RÉGIS = ODÉ ACOBI
             (Chiquinha)

BABÁ BORÉ = IÁ MERENUNDE   BABÁ DODÓ
(José Gonçalo Régis)   (Jacó Régis)

JOÃO NEPOMUCENO = MARIA FRANCISCA [2]   OBÁ DINDÁ
                                           (Dionísia Francisca Régis) [3]

OGUM LONÁ
(Etelvina Francisca Régis) [4]

OIÁ FUMI = JOSÉ CUPERTINO BARBOSA
(Olga Francisca Régis)

JOSÉ   LOURIEL   GERSON   JOSELINA   JOCELITA   JOCENIRA   GENIVAL   JONILSON

[1] Filha
[2] Neta do famoso pai de congo-angola, Gregório Maquende e irmã-de-santo de Madalena, avó da iyalorixá Senhora do Opô Afonjá
[3] "Dona Anísia", de que fala Carneiro
[4] Iyá Kekere
Fonte: Costa Lima (1998)

Apesar da matrilinearidade, diferentemente de Dionísia, sua mãe-de-santo que ficou solteira, Olga viveu com um companheiro por muitos anos, com quem teve oito filhos. No entanto, como ela própria diz, "*casar para quê?*". Edison Carneiro, ao comentar tal assunto com Ruth Landes, informa: "*sabe por que as pessoas não se casam legalmente no Brasil? Porque é muito caro. E depois não podem divorciar-se*" (1967, p. 31). Entretanto, Raddiffe-Brown (1972, p. 54), comentando uma sociedade cujas normas eram matrilineares explica:

> "*Neste sistema, o agrupamento familiar conserva intactos e invariáveis seus direitos in rem, sobre todos os seus membros. Normalmente, o matrimônio concede ao marido certos direitos in rem sobre sua mulher e sobre seus filhos... Pode dizer-se que os Nayas têm eliminado o matrimônio... É certo que a união de uma mulher naya com o seu amante é, em muitos casos, uma união de grande afeto, que dura toda uma vida, e que o amante está muito unido aos seus filhos. Mas, legalmente, não tem direito sobre sua esposa, se podemos dizer isto, nem sobre os seus filhos.*"

Parece, assim, que o casamento não tem sentido para esse grupo familiar, mesmo porque as mulheres querem conservar sua independência. As lembranças de Olga seguem nessa direção, sempre mostrando autonomia. A sacerdotisa não tem dúvidas em afirmar: "*a minha família sou eu e meus filhos*". Mas, quando seus filhos ainda eram pequenos, Olga se lembra de seu tio materno, Germano, com muita mágoa e diz: "*ele que devia me proteger...*".

Lévi-Strauss, sobre esse assunto, comenta: "*a importância do tio materno se encontra tanto em regime matrilinear quanto patrilinear*" (1967, p. 56). É importante destacar que Olga teve uma relação muito negativa com o seu próprio pai, que foi embora logo que ela nasceu e dizia que não era sua filha. Se é verdade que quando "*o elo entre pai e filho se debilita, o elo entre tio materno e sobrinho se reforça*" (Strauss, 1967, p. 196), talvez seja por essa razão que Olga esperasse mais do tio materno. No entanto, esse seu parente só a desiludiu. Quando Olga saiu do Brasil pela primeira vez, em 1963. o tio aterrou as fontes que existiam no Alaketu para arrendar o terreno. A sacerdotisa lembra:

> *"Imagine que aqui tinha três fontes: a de Iemanjá, a de Oxumarê e a de Ibeji, além de muitas árvores. E não foi que aquele homem, aquele que era meu tio materno, aterrou e vendeu! Mas aconteceu uma particularidade: tinha aqui uma mulher casada com um soldado, que dei um quartinho para eles morarem; eu me dava muito bem com eles. Não sei se essa mulher era de santo, nunca me falou nada. Um dia, a mulher de manhã muito cedinho, bate à minha porta com força, vou atender, ela esta com três pedras na mão e conta: 'Dona Olga, sonhei com um rei muito lindo que tinha uma capa dourada e verde, ele estava com uma mulher também muito linda e mandou que eu fosse até a jaqueira que tinha umas pedras lá, mas que eu tomasse banho primeiro, antes de fazer qualquer coisa. Acordei assustada e contei para o meu marido. Ele falou que tudo bem, aqui o negócio é Candomblé. Fui lá e peguei as pedras, e trouxe para a senhora'. Eram as pedras que viviam no fundo das fontes, eram as pedras de Iemanjá, Oxumarê e Ibeji. A fonte de Iemanjá era tão linda que até ondas fazia. Pois uma grande desgraça que este tio me fez, mas os santos me devolveram as pedras, que guardo e cuido até hoje. Estão nos seus quartos. Agora, o meu tio morreu precisando de mim e dos santos."*

Essa história contada pela sacerdotisa mostra, por um lado, desonestidade, deslealdade de seu tio materno e, portanto, diz respeito à memória própria dos mortais; por outro lado, as fontes, as pedras, os

Orixás presentes no sonho mitológico fazem parte da memória divinizada. Na verdade, as duas memórias fazem parte da vida de Olga. No entanto, quem sonha elementos mitológicos não é a sacerdotisa, mas uma "testemunha". Em outras palavras, a situação era tão séria - envolvia, inclusive, o terreno em que estava localizado o templo do Alaketu - que Olga precisava de uma testemunha, para que não houvesse dúvida de que aquelas pedras eram realmente as que "viviam no fundo das fontes" e, portanto, eram "representações vivas" dos Orixás.

Se assim não fosse, em que situação ficaria a sacerdotisa com relação a seu próprio poder, seu axé, no momento em que os próprios Orixás, agora sob a intervenção humana - o tio materno -, abandonavam suas moradas, deixando, assim, as terras do Alaketu? Mas o rei Xangô, representante da justiça, surge, juntamente com Iansã, para iluminar o lugar onde se encontravam as pedras. Xangô é o rei do sonho mitológico porque o adivinho mandou-o fazer sacrifícios; deveria dar de comer e beber aos parentes e amigos, além da própria roupa que estava usando, se quisesse tornar-se rei. Xangô cumpriu com a obrigação. Enquanto todos reunidos comiam e bebiam, perguntou-se:

> "- Quem escolhemos para nosso rei?
> - Que tal o homem em cuja casa comemos e bebemos...
> - Quem, senão Xangô Afonjá?
> - Que seja Afonjá, aclamou a multidão em coro.
> E escolheram Afonjá e o fizeram rei de Oió.
> E Xangô reinou em Oió."
>
> (Prandi, 2000, p. 244)

Além de rei, Xangô também representa a justiça. O mito narra:

> "Xangô e seus homens lutavam com um inimigo implacável. Os guerreiros de Xangô, capturados pelo inimigo, eram mutilados e torturados até a morte sem piedade ou compaixão

(...) Xangô pediu ajuda a Orunmilá.
Xangô estava irado e começou a bater nas pedras com o oxê
(...) O machado arrancava das pedras faíscas,
que acendiam no ar famintas línguas de fogo,
que devoravam os soldados inimigos.
A guerra perdida foi transformada em vitória.
Xangô ganhou a guerra.
Os chefes inimigos que haviam ordenado
o massacre dos soldados de Xangô foram
dizimados por um raio que Xangô disparou
no auge da fúria.
Mas os soldados inimigos que sobreviveram
foram poupados por Xangô.
A partir daí, o senso de justiça de Xangô
foi admirado e cantado por todos." (id., ibid., p. 243)

Da mesma forma que Xangô não matou os soldados inimigos, mas os seus chefes, propiciando a justiça, no terreiro do Alaketu é o mesmo Orixá que traz para a sacerdotisa as pedras que viviam nas fontes que foram aterradas. Assim, Xangô, o rei, faz justiça; tanto é que o tio materno morreu precisando da sacerdotisa e dos santos. Para qualquer mãe-de-santo, as pedras valem mais que as fontes, pois elas são as representações vivas dos Orixás que se relacionam com as águas. Mas, além de representar o Orixá, "a pedra é", ela permanece sempre igual a si mesma e subsiste; significa também a pessoa que detém e exerce o poder. "*É um símbolo da existência, da força, da duração*" (Eliade, 1998, p. 174).

Desse modo, o fato de as pedras encontrarem-se no Alaketu até os dias de hoje, estarem em seus respectivos lugares e serem cuidadas pela sacerdotisa, significa que os Orixás permaneceram vivos no Alaketu, mostrando tanto seus poderes quanto os de Olga. No entanto, outro significado desponta para Xangô, além de representar a justiça. Xangô tem a ver com pedras. Como ele controla o raio, as pedras de raio muitas vezes são seu instrumento de defesa. Assim narra o mito:

> *"(...) Xangô usou de seus poderes*
> *e castigou com crueldade o povo de Cossô.*
> *Com trovões e pedras de raio Xangô atacou a cidade*
> *e logo a população caiu aos seus pés, rogando clemência:*
> *Kabiyesi Xangô, Kawo Kabiyesi, Obá Kossô."*
> *(Prandi, 2000, p. 246)*

Assim, Xangô, possivelmente, surge no sonho para mostrar em que lugar estão as pedras, não só por representar a justiça, mas porque tem uma certa afinidade com elas, tanto que, na Umbanda, seu elemento é a pedreira.

Não e só a esses fatores, contudo, que se deve a presença de Xangô no sonho, mas também por ser ele o parceiro de Oyá, que, por sua vez, é a Orixá de Olga. Por isso mesmo não foi Olga quem sonhou, pois ela - Olga-Oyá - encontrava-se com Xangô, presentes no passado, no além, e não podia sonhar, pois era a substância do sonho. Aqui se encontra a segunda explicação para o fato de ser a "outra" a sonhar e não a própria Olga. Oyá, por sua vez, tendo adquirido com Logun Edé *"(...) o direito de pescar e tirar dos rios e cachoeiras os frutos d'água para a sobrevivência sua e de seus filhos"* (id., ibid., p. 296), retirou as pedras que viviam no fundo das fontes e fez com que sua filha Olga sobrevivesse como sacerdotisa do templo do Alaketu, juntamente com os seus Orixás que ela tanto ama. Oyá é mãe de Olga. Mas Oyá não é apenas mãe da sacerdotisa, mas de outros que vivem nas águas doces. *"Dizem que foi Oyá que retirou Logun Edé da água e terminou de criá-lo (...)"* (id., ibid., p. 138). Portanto, entre Oyá e Logun Edé existe uma relação muito forte, pois a primeira foi mãe adotiva do segundo.

É claro que entre mãe e filhos existem trocas, existem relações de reciprocidade. Tanto é assim que foi na jaqueira de Logun Edé que ficaram as pedras, esperando que alguém ligado à Olga fosse buscá-las. Dito em termos míticos, Logun Edé guardou as pedras representantes dos deuses, símbolo da duração, para Oyá, para Olga. Olga, ao relatar essa lembrança, mostra sua capacidade de viver duas dimensões: uma no meio dos deuses, inclusive sendo um deles, outra entre os homens. Surpreende perceber que ela entra e sai de ambas sem alarde, com tranquilidade. No entanto lembrança chama lembrança porque são realizadas associações. Assim a sacerdotisa lembra:

> *"Ah! Eu tinha dezesseis anos quando minha tia Dionísia me iniciou para Iansã. Mas antes disso, quando eu tinha doze anos, eu dei uma outra obrigação. E foi nessa época que teve um congresso, aqui teve muitas festas. A minha tia fez uma festa, veio muita gente, muitos estudiosos como meu compadre Vivaldo, aquele jornalista o Edison Carneiro era amigo de minha tia. Eu tinha doze anos e lembro: o Alaketu estava todo arrumado!"*

É através de Iansã e de suas obrigações que a iyalorixá faz a passagem do mundo dos deuses para o mundo dos homens. Mas ao se referir a esse ritual, lembra-se de que, antes desse, fez outra obrigação aos doze anos: época também de um congresso realizado na Bahia. Esse evento foi, na realidade, o famoso Segundo Congresso Afro-Brasileiro, noticiado nos jornais baianos; inclusive, a festa a que Olga se refere tornou-se notícia em O Estado da Bahia. O congresso foi, sem dúvida nenhuma, um marco para o povo de santo baiano porque, depois dele, o Candomblé e seus adeptos começaram a ser vistos de forma menos preconceituosa.

Entre os pequenos intervalos narrativos, eu conto a Olga ter achado a notícia de jornal sobre a festa em que Dionísia recepcionou os participantes do Segundo Congresso. Imediatamente, a sacerdotisa diz: *"Ah, que bom! Muito bom que o Alaketu e minha mãe Dionísia tiveram o reconhecimento que merecem!"*. Esse comentário é feito em tom de felicidade; os olhos brilham e há um sinal afirmativo da cabeça. No presente, saber da notícia do jornal que relata a festa oferecida por sua tia em seu terreiro, no passado, em 1937, traz felicidade, pois o Alaketu é o lugar onde nasceu; e hoje é ela a grande sacerdotisa desse templo, em continuidade a Dionísia, uma das pessoas que mais amou e admirou na vida. Trazer o Alaketu, um templo dirigido por uma mulher, para o espaço público, para o espaço branco, masculino, representado pelo jornal, é motivo de muito orgulho para o passado, como também para o presente de Olga e sua gente. Mas as lembranças não seguem uma linearidade; as características das lembranças de Olga assumem uma complexidade ainda maior com a presença da memória divinizada. Em outras palavras, o tempo da memória se caracteriza pela reversibilidade, mas, sobretudo, o que caracteriza as lembranças de Olga é sair do tempo dos homens e ir para o tempo do além, e voltar para o tempo recorrente da dimensão humana. Assim, ela relata:

> *"Ah, um pouco antes, quando eu tinha 11 anos - como eu já contei - eu estava na escola e fui brincar de gangorra. Não podia brincar sempre porque já a minha vida era orientada para ser sacerdotisa, então não era sempre que eu podia brincar Bem, neste dia a professora deixou, escondido de minha tia. Eu brincando, brincando, a gangorra subiu e eu caí; bati com o rosto no chão, meu olho ficou cheio de terra, foi uma confusão. Eu comecei a ficar cega, foi quando um tio de longe que era angola, recebia um índio; e foi esse índio que disse que um primo dele - o Jundiara - deixaria eu curada se eu cuidasse dele! Aí a minha tia e eu começamos a cuidar dele. E ele está sempre com uma cobra, ele é da mata.*

E eu sarei; não deixo de dar as obrigações para esse índio que me deu de volta a visão."

É dessa forma que Olga retoma ao tempo do além, estando presente no passado, onde encontra o caboclo Jundiara. Entre Jundiara e Oxumarê há semelhanças. Não se pode esquecer que foi Oxumarê quem interveio na fundação do Alaketu. Em outras palavras, há uma certa proximidade entre Olga e Oxumarê. Há um mito sobre Oxumarê que diz: "(...) *Um dia Olodumare contraiu uma moléstia que o cegou. Chamou Oxumarê, que da cegueira o curou.*" (Prandi, 2000, p. 224) Por um lado, Oxumarê curou a cegueira de Olodumare, por outro, Jundiara curou a cegueira de Olga de Alaketu.

Além dessa correspondência, percebe-se que Jundiara tem relação com cobras; inclusive, na festa que o celebra, o caboclo dança segurando uma cobra nas mãos. Oxumarê, por sua vez, também está relacionado com esse mesmo réptil. Ele é a cobra, o deus-serpente dos jejes. Um mito sobre este Orixá diz:

*"Oxumarê ficou desesperado e tentou fugir,
mas todas as saídas estavam trancadas do lado de fora.
Xangô tentava tomar Oxumarê nos braços
(...) Não vendo como se livrar,
Oxumarê pediu ajuda a Olorum
e Olorum ouviu sua súplica
(...) Oxumarê foi transformado em uma cobra,
que Xangô largou com nojo e medo"* (id., ibid., p. 226)

Outro mito sobre o mesmo Orixá diz:

*"Oxumarê era o mais bonito e atraente moço do lugar
e Xangô embriagado de ciúme.
(...) de perder Oxum para Oxumarê,
(...) chamou o possível rival para um duelo.*

*(...) Oxumarê usava seu poder de dominar as cobras.
Às vezes transformava-se em uma delas (...)"*
(id., ibid., p. 228)

Nesses dois mitos, Oxumarê transforma-se em cobra; Jundiara, por sua vez, também dança segurando uma cobra. Oxumarê representa o arco-íris, que, no limite, decompõe-se em chuva e sol, em água e fogo. Portanto, ao conter água, pode assumir qualquer forma. Mais precisamente, pode metamorfosear-se. Tanto que se transforma em um moço muito rico para salvar Otampê Ojarô, a fundadora do Alaketu. É nessa perspectiva que se pergunta: será Oxumarê o índio Jundiara?

Olga retoma ao mundo dos homens e diz: "*e com 16 anos dei uma obrigação, não sei contar. Mas com 12 dei outra obrigação*". A sacerdotisa não deixa claro quais foram as divindades celebradas. Devido aos acontecimentos - o tombo, a cegueira - ocorridos entre os 11 e os 12 anos de idade -, tende-se a pensar que a primeira obrigação tem a ver com Jundiara. Delinha, a tia-de-santo das filhas de sangue de Olga e, portanto, sua irmã-de-santo, pois participou do mesmo barco, lembra:

"*Era 1940. No nosso barco tinha cinco mulheres. Matatu de Brotas era, ainda, nessa época, só mato; o terreiro do Alaketu tinha muitas árvores, três fontes. E não era como agora não, ficava no terreiro três meses. Ah, no meu barco tinha um Oxóssi, duas Iansã, um Ogum, e um Obaluaiê. Dionizinha tinha o coração muito bom; era magrinha, dedicava sua vida para o Santo, tratava os seus filhos com muito respeito, pedia 'por favor', 'muito obrigada'. Ah, foi muito bonito, e quem foi o pai pequeno foi Procópio do Ogunjá. Quando tinha um barco, as pessoas dos outros terreiros ajudavam. Existia união na nossa seita, hoje não existe mais. Procópio era pai pequeno, Marota de Ogum, do Engenho Velho, estava lá, Bernardino do Bate Folha. Hoje não, hoje só se vê in-*

gratidão. A dofona era de Oxóssi, dofonitinha era Olga, a última era de Obaluaiê, era Claudina. Olga era da casa, era sobrinha de Dionísia e filha da mãe pequena. Etelvina Francisca Régis, ela entrou depois, ela não entrou junto com nós."

As lembranças de Delinha iluminam fatos importantes que ocorriam em 1940 no Alaketu. Apesar de os jornais relatarem notícias sobre o trabalho feminino que estigmatizavam a mulher ao dizer que, diferentemente dos homens, ela não gosta de trabalhar, as mulheres do Alaketu sempre trabalharam, e parece que gostavam. Nessa época estavam especialmente em atividade para o santo, participando do ritual que permitiria, alguns anos mais tarde, que Olga Francisca Régis se tornasse a grande sacerdotisa do Alaketu.

Ao relacionar o fato de a sacerdotisa atual do Alaketu não ter sido dofona (pessoa que abre o barco), mas a dofonitinha (a quarta pessoa a constituí-lo), com outro dado, o de Olga ter entrado no barco depois, e ainda levando em conta as palavras da sacerdotisa atual do terreiro que, ao explicar sua própria sucessão, diz: *"sete anos antes da minha sucessão, os Orixás indicarão a minha sucessora"*, chega-se a seguinte conclusão: Olga entrou depois, no barco de 1940, no Alaketu, porque havia certa previsão do momento em que deveria suceder Dionísia. Tanto é assim que, por volta de 1948, Olga faz sua última obrigação. Sobre esse fato, a sacerdotisa comenta:

"Eu tinha vinte e três anos quando fiz minha última obrigação e estava pronta. Assumi todas as responsabilidades do Alaketu. No Candomblé, como eu já falei, aprende-se aos poucos. Todo dia é dia. As obrigações são, assim, etapas. Você é professora, sabe, deve-se ensinar aos poucos, tudo de uma vez ninguém aprende. Agora, tem uns descarados que não querem saber nada com nada. Não querem aprender nada,

querem ser mãe e pai-de-santo sem saber nada. Eu não, eu sabia tudo: sabia como iniciar uma iaô para qualquer Santo; todas as obrigações; para que serviam as ervas: as ervas para os vivos e para os mortos. As ervas são muito importantes, tem que saber tudo sobre elas. Mas quem presidia as festas públicas, os sacrifícios, as iniciações, era minha tia. Eu fazia tudo para ela e sentava-me a seu lado no Candomblé."

As lembranças de Olga desvendam vários fatos do passado do Alaketu, especialmente, como foi sua sucessão. A hierarquia do Candomblé possibilita que a mãe-de-santo só deixe o *oiê* (o cargo) com sua morte, mas a preparação de sua sucessora é realizada muito antes, cabendo-lhe, inclusive, todas as responsabilidades. O fato de a mãe-de-santo continuar com o cargo mesmo sem as responsabilidades dele significa o respeito que o Candomblé tem para com os mais velhos, certamente uma herança africana.

Ao trazer os fatos do passado para o presente, o que aparece em muitas lembranças da sacerdotisa é a falta de preparo de muitas sacerdotisas do Candomblé. Na verdade, a velha iyalorixá parece muito preocupada com o futuro da religião.

Como iniciada, vencia as etapas para torna-se iyalorixá; como mulher, Olga encontrou-se com José Cupertino Barbosa e, aos dezesseis anos, tornou-se mãe de José, a quem chama carinhosamente de Zequinha. Zequinha é o atual *axogum* (o responsável pelo sacrifício) do Alaketu. Olga teve mais sete filhos. Dois faleceram, restando-lhe três homens e três mulheres. Como a família de sangue confunde-se com a religiosa, todos os seus filhos têm cargos no terreiro. Se a família de sangue é numerosa, a de Santo é ainda mais. Assim se expressa a mãe-de-santo sobre esse assunto: '*ah, são muitos por todo o Brasil e também no exterior. Talvez uns duzentos, mas não sei precisar*".

Se o número elevado de filhos-de-santo significa que Olga é

uma boa mãe, não se pode inferir. Porém, observando-a no trato com as pessoas, filhos-de-santo, amigos, empregados, e especialmente crianças, percebe-se que a iyalorixá alia duas características: é extremamente carinhosa e acolhedora. Além disso, uma de suas filhas diz: "*ela é assim: quando gosta e quando quer, é uma beleza; mas quando não gosta, quando não quer...*". Desse modo, despoja certa radicalidade de Olga em relação a seus pensamentos e comportamentos.

Essa radicalidade torna as qualidades anteriormente apontadas mais intensas, lembrando as características contidas no arquétipo da mãe junguiano. Tanto é assim que, em dias de festas, quer em São Paulo ou em Salvador, ninguém sai de sua casa sem levar um prato de comida especial para alguém que goste e de quem Olga sempre se lembra. É o alimento, é a vaca leiteira, a cabana protetora - diz Jung. Eu digo: é o sentimento materno moldado culturalmente para a proteção máxima do filho. Se uma característica da mulher que vive a matrifocalidade é ser provedora, a iyalorixá parece querer sê-lo até hoje. Em dias de festa, fica com a bolsa na mão, pagando tudo o que é preciso. Quando vai à feira ou ao mercado, na volta, em sua casa, divide os produtos entre seus filhos já adultos.

Esse papel de provedora, Olga começou a desempenhar muito cedo: provavelmente esse fato faz com que tal costume ainda permaneça. Assim, a iyalorixá conta: "*Sempre trabalhei no terreiro e fora dele; cheguei a sair com o tabuleiro; fui também professora de dança*". Ser negra do tabuleiro era um trabalho profundamente ligado ao Candomblé. Ruth Landes (1967, p. 21), a esse respeito, diz:

> "*Afinal, tarde da noite, quando a maioria das famílias se preparava para dormir, algumas negras velhas vagueavam pelas ruas sombrias e, olhando o céu abaixo, entoavam cantos de melodias claras e melancólicas de origem africana e de versos, em parte, africanos, mercando as guloseimas, comidas*

e bebidas que tinham para vender. Esses cantos pesarosos eram ternos ao ouvido, embalavam a cidade."

Olga do Alaketu complementa a antropóloga norte-americana, lembrando que: *"antigamente, vender com o tabuleiro fazia parte da obrigação... quem era de Iansã, vendia acarajé"*. Parece ser a vivência do papel de provedora com radicalidade que faz com que Olga goste tanto de feiras e mercados. Emociona vê-la entrar na feira das Sete Portas. É reconhecida por todos, que a acolhem com grande respeito e muito carinho, oferecendo logo cadeiras para que a iyalorixá possa sentar-se. É o momento da conversa, da troca: lembra a feira africana descrita por Verger. Parece ser quase um ritual religioso, pois se trocam, além de bens materiais, bens simbólicos. A sensação que se tem é a de que houve um retorno no tempo, mas de maneira nenhuma isso pode ser encarado como um retrocesso, pois viver essa experiência possibilita perceber que, apesar do racismo, muitos elementos da cultura afro-brasileira permanecem vivos na cidade da Bahia.

Ainda parece ser esse papel de provedora, aliado às características de filha de Iansã, que, ao representar o "vento", não gosta de se fixar em um só lugar, o que moveu Olga para morar em São Paulo no início dos anos 70. Seu primeiro endereço foi na Rua Pamplona; em seguida mudou-se para a Gabriel Monteiro da Silva, depois foi morar na Rua Arthur Azevedo, de onde se mudou para a Gonçalo Afonso; e, finalmente, para o último endereço da iyalorixá na capital paulista, que foi a Rua Fradique Coutinho. A partir de 2001, a sacerdotisa torna a ter somente a moradia no Alaketu, em Salvador, Bahia.

Esses inúmeros endereços de Olga atestam que a iyalorixá gosta de mudança. É o vento, é o movimento, não pode parar. Mas o fato de fixar residência nesta cidade, mais rica e com mais oportunidades de ter clientes abastados, parece ter a ver também com seu papel de provedora das duas famílias, pois, como diz Beata: *"minha mãe tinha muitos co-*

nhecidos ricos, nós, naquele tempo, não demos nada. Ela comprou tudo para todos". Assim, o papel de provedora é exercido com radicalidade, mesmo que hoje seja mais no âmbito simbólico do que no real. Em outras palavras, todos os seus filhos trabalham e tem salário.

Durante trinta e sete anos Olga residiu parte do ano em São Paulo, mas nesta cidade nunca iniciou filho-de-santo. Sua justificativa era de que a água não servia: "*a água aqui é muito suja*". Mas os paulistas iam a Salvador e lá se tornavam filhos e filhas-de-santo de Olga do Alaketu. Na capital paulista, Olga tinha também seus santos e a árvore sagrada, Irôco. Dava consultas em alguns dias da semana, fazia pequenos ebós. Celebrava seus Orixás de maneira muito íntima com alguns membros das duas famílias e alguns amigos. Ainda, na capital paulista, na Sexta-Feira da Paixão, único dia em que Oxalá come dendê, a iyalorixá preparava uma grande mesa com várias iguarias para os vivos, em cima, e comida para os mortos, embaixo. As pessoas amigas visitavam-na durante todo o dia.

Foi também em São Paulo, na década de 1970, que Olga do Alaketu surpreendeu alguns psiquiatras paulistas que com ela se reuniram para discutir a cura. A surpresa ocorreu devido à sua vidência e ao seu conhecimento das ervas, com as quais fazia chás, garrafadas, remédios para toda sorte de doenças. Não há dúvida de que, na década de 70, uma mulher negra, mãe-de-santo, que se reunia com médicos para discutir a cura, tinha qualidades excepcionais, difíceis de avaliar. Mas a cura parece acompanhar Olga por quase toda a sua vida. Em suas palavras: "*Ah, Jundiara, ele cura. Ontem mesmo no mercado encontrei uma conhecida que procurou Jundiara há algum tempo, ele deu um remédio para a irmã que estava para morrer, ela sarou!*". Mas a cura não provem só do caboclo. Irôco, a divindade do panteão Ketu, para quem Olga foi iniciada assim que nasceu, também tem a ver com a cura.

Ruth Landes, a respeito da árvore sagrada, diz: "*Irôco se identifica com uma espécie vegetal sagrada - gameleira branca - e tem vagas fun-*

ções de cura que o colocam no mesmo plano de Omolu, de um lado, e de Ossãe, senhor dos bosques e das ervas, de outro" (1967, p. 305). No entanto, Olga discorda inteiramente dos arquétipos como condutores do comportamento dos adeptos do Candomblé. Sobre esse assunto, a sacerdotisa diz: "isso de dizer: é assim porque é de Oxum, é assim porque é de Xangô, depende de cada um e de sua educação. Não tem nada com os santos. Pense bem, tem tanta gente que é de Xangô e é diferente, e assim por diante...". Essa discordância de Olga das muitas crenças que o povo de santo tem é um dos motivos que fazem Yeda Castro e Cid Teixeira, em 1995, escreverem: "(...) habilidosa em fazer amigos, mas intolerante com a mediocridade, Olga tornou-se polêmica. As pessoas a amam ou a detestam".

Essas palavras sobre Olga, pronunciadas por dois intelectuais baianos, relacionam-se com a qualidade de radical que aqui lhe foi atribuída. Polêmica e radical; parecem ser essas qualidades atribuídas a Olga as responsáveis por determinados comportamentos da sacerdotisa, contrários, por exemplo, à tendência de africanização que surge, especialmente no cenário baiano, no final dos anos 70 e início dos 80, tendo como personagens facções do movimento negro, alguns intelectuais e terreiros de Candomblé. Em 1981, no Encontro das Nações de Candomblé, promovido pelo Ceao, de que a sacerdotisa participou, percebem-se, no final de sua exposição, algumas questões que parecem postas para enfrentar, para atingir as ideias da sacerdotisa, por exemplo: *"Como é que se pode servir a dois deuses?"* (Costa Lima, 1984, p. 28).

É interessante notar que a noção de sincretismo não foi posta, mas, sim, ideias que se aproximam de algo como paralelismo. No entanto, se as perguntas se orientavam sem as possibilidades sincréticas, as respostas de Olga mostravam o sincretismo em sua plenitude. Avaliando hoje essa discussão, a iyalorixá afirma:

"Eu não preciso ir para África para dizer que tenho mãe, pai, babalaô africano. O Candomblé é brasileiro; é claro que tem, assim, origem na África, então tem muita coisa africana, mas não só africana; tem outras coisas que se juntaram. O meu terreiro foi fundado por uma princesa africana. Então quando vou para África, vou visitar meus parentes, o local em que eles viveram e vivem, vou para Ketu; mas também vou para outros lugares. Não vou lá, venho e digo: 'Porque na África...' Não faço. Agora se aprendeu a vida toda uma coisa; você aprendeu de quem te ensinou certo, como tirar? Agora não tem mais São Jorge, São Jerônimo... Isso é um descaramento! Porque fazem as pessoas acharem que dá, e não dá. Fui muito amiga do abade Dom Timóteo da Igreja de São Bento; eu ia na igreja, ele vinha no terreiro. Fizemos até um debate juntos. Não gosto de pensar que ele morreu, eu gostava muito, muito dele."

Olga percebe que o sincretismo está no ar, que o processo de africanização é uma meta impossível de ser concretizada. É crítica em relação aqueles religiosos que procuram a África para se legitimar. Em relação a Dom Timóteo, havia uma grande amizade entre eles. Tanto é que lembrar do abade traz, no presente, grande tristeza para a iyalorixá. Ela diz: *"conversava muito com ele sobre os Orixás; ele falava também dos santos"*.

É nas lembranças de Beata que se percebe a intensidade da amizade que unia os dois religiosos - Olga do Candomblé e Dom Timóteo da Igreja católica: *"Dom Timóteo vivia no Alaketu; ele batizava até as bonecas dos Erês!"*. Essa lembrança pode ser referida a uma passagem de Landes, que mostra a preparação de uma boneca para seu batizado, realizado por um padre: *"(...) Sabia que a boneca estava para tornà-se morada de uma deusa, que a bênção do padre faria dela um fetiche místico; e todos se sentiram honrados por dar um presente ao fetiche"* (1967, p. 76). Através do batizado a boneca ganha a vida para poder ser iniciada no Candomblé. Na verdade, isso ocorre com a maioria dos iniciados.

> *"Desse modo, batismo ao nascer e a sepultura digna ao morrer, na íntima associação que entre eles se estabeleceu, parece-me haverem se tornado elementos essenciais à compreensão dos vínculos construídos entre os africanos e o catolicismo, vínculos estes que (...) constituem-se numa pedra de toque no que concerne ao sincretismo e a dupla pertença."*
> (Consorte, 2000, p. 12)

Dessa forma, Dom Timóteo, como outros padres da Igreja católica, participa tanto da iniciação de bonecas como de pessoas que seriam iniciadas, e, assim, de alguma maneira, participava das iniciações no terreiro do Alaketu. Mas se Dom Timóteo é amigo da casa, isso não significa, para os que pregam a africanização, que Olga está correta. É uma atitude polêmica da sacerdotisa. Parece ser ainda essa qualidade da iyalorixá a responsável por só ter solicitado o tombamento de seu terreiro no ano 2000, pois, como ela dizia: *"o Alaketu cheio de turistas?! Aqui não é o Pelourinho, não!"*.

A iyalorixá parece gostar de eventos em família, sejam eles quais forem. Nas festas públicas, percebem-se as relações de parentesco entre os presentes, seja em relação à família de santo, seja em relação à família de sangue, seja por afinidade; além, é claro, das amizades que ela não cansa de lembrar: Dada, Julio, Yeda, Vivaldo... É Vivaldo Costa Lima quem diz, ao sair de uma das festas do Alaketu: *"é o único terreiro que ainda guarda as grandes tradições do Candomblé"*. Essa declaração de Costa Lima foi feita no final da festa de aniversario de Olga, ocorrida em 9 de setembro de 2000, no Barracão do Alaketu, e que se renova todos os anos. Mas as festas públicas também guardam essa característica familiar, que tem a ver com a tradição africana, pois, na África, cada grupo familiar cultuava seu ancestral.

Esse terreiro simples, de aspectos tradicionais, dirigido pela sacerdotisa, teve dois amigos décadas atrás: os presidentes da República Getúlio Vargas e Juscelino Kubistchek. Assim, a sacerdotisa desse terreiro, no passado, deve ter feito pedidos para os Orixás dos respectivos presidentes. Sobre Getúlio Vargas, comenta-se que Olga teve uma visão, três dias antes de o presidente morrer: a iyalorixá encontrava-se na sala de sua residência, quando surgiu Oxum - o presidente, segundo Olga, era dessa Orixá -, que a avisou do perigo de vida que ele corria. Naquela época Olga tinha um vizinho - o finado Jorge - que mantinha relação próxima com o presidente, a quem então avisou, mas ele não entrou em contato com a sacerdotisa[11].

Quanto a Juscelino Kubistchek, comenta-se que era de Ogum, e que, antes de existir Brasília, a sacerdotisa a previu. Mais do que isso, ela viu uma cidade que nasceria no Planalto Central. É Beata de Iemanjá quem diz: *"vi, várias vezes, portadores da parte de Juscelino Kubistchek vindo no Alaketu, e também muitos telefonemas"*. Mas Olga diz: *"não quero dizer nada sobre eles; eram amigos, mas não sei nada, nada..."*.

Se, antes, Olga foi pensada como poeta, porque ia para o tempo do além - e, ali presente, via e participava de um passado que é invisível ao olhar humano, encontrava-se com os Orixás, conversava com Oxumarê, brincava com os Ibejis, discutia com Logun Edé que caiu no rio, agradecia a Xangô, perguntava a Oxumarê como tinha sido a fundação do Alaketu -, nesse momento Olga dirige-se para o tempo que ainda não é. Esse tempo é inacessível ao humano, mas Olga tem presença direta nele, no futuro. Ela é adivinha, ela vê o invisível, realidades que escapam ao olhar humano: a morte de Getúlio, a construção de Brasília. Os deuses que a inspiram, nesses episódios, são Oxum e Ogum. É

---

[11] Uma vizinha de Olga, que não quis se identificar, narra essa história.

nessa perspectiva que se deve procurar entender a sacerdotisa, inclusive nas qualidades que tanto eu quanto Castro atribuímos a ela, de radical e de polêmica. Em outras palavras, serão essas características da sacerdotisa produto de forças opostas - de Iansã com Irôco?

A representação de Iansã é o vento, a transformação; Irôco, ao contrário, com sua imensa raiz, significa a tradição, pois, nas palavras de Bachelard: *"ela nos remete ao passado longínquo, ao passado de nossa raça"* (1990, p. 230), mas Irôco não é só raiz, *"(...) é uma árvore inteira, e sua postura ereta lembra uma heroica retidão"* (1998a, p. 211). Assim, as qualidades arquetípicas referentes aos deuses da sacerdotisa se revelam, mostrando que a questão anteriormente formulada é afirmativa. Por um lado, ao representar o vento, Olga gosta da transformação, da mudança, tanto é que morou na Bahia e em São Paulo, participou de grupos de estudos com doutores da Medicina da USP, viajou para a África e diversos países, como Estados Unidos, Portugal, Argentina, Venezuela; por outro lado, por ela representar a árvore - no caso, a raiz -, movo o foco da análise para o Alaketu e encontro a tradição que se revela no zelo com os Orixás, na crença na caipora, na importância das famílias, no cuidado com a comida de santo, na importância das ervas e na produção dos chás, no amor às iniciações - a última, realizada ainda em janeiro de 2002, contou com a iyalorixá no terreiro dia e noite.

Mas parecem existir momentos em que há o encontro entre a tradição, a continuidade, e a transformação, a mudança. Isso parece ocorrer quando Olga vai à África: por um lado, vai de avião, voa, está no ar, é o vento - quem a convida é uma instituição moderna, o Itamarati; é homenageada e recebe um titulo de uma universidade africana, organismo que faz parte da modernidade - por outro lado, visita, em terras africanas, um terreiro de Egungun e lembra: *"nunca dancei tanto; foi maravilhoso, dancei com minhas duas mães Dionísia e Etelvina nunca mais vou esquecer"*.

A sacerdotisa levou o passado, a sua tradição, suas memórias para a África porque lá se encontram suas origens, porque lá está a fonte. Nesse momento, Olga entra na dimensão escatológica habitada pelos espíritos dos mortos, pelos eguns. A iyalorixá dança com a mãe e a tia, cuja continuidade representa. Desse modo, o passado revelado através dos espíritos dos mortos, de suas ascendentes, é muito mais que o antecedente do presente, é a sua fonte. Porém, mais que isso, Olga não encontra barreira entre o mundo dos vivos e dos mortos. Transita entre eles sem nenhuma dificuldade. Esse trânsito parece possível porque entre Olga e Iansã há troca de energias. Um dos mitos da deusa-guerreira e bastante esclarecedor:

> *"Hoje, quando Egungun volta para dançar entre seus descendentes, usando suas ricas máscaras e roupas coloridas, somente diante de uma mulher ele se curva. Somente diante de Oyá se curva Egungun."*
>
> (Prandi, 2000, p. 309)

No caso de Olga, há só uma diferença do primeiro mito narrado por Prandi, pois a sacerdotisa dança com os Egungun, como diz um outro: *"Oyá dança com os Egungun e com o povo na rua"* (id., ibid., p. 310). Mas a iyalorixá não dança só com os Egungun, ela dança manifestada em Irôco na primeira quarta-feira anterior a 15 de agosto. O deus dança de roupa verde e branca, com um filá de palha-da-costa. Olga se metamorfoseia: é Irôco; e então dança como uma árvore. O público imagina que vive uma fantasia ao ver uma árvore dançante, porém a outra, a gameleira branca, encontra-se fora do barracão; é emocionante vê-la em sua dignidade.

A grande festa é de Iansã, pois a de Olga é conhecida pelas cidades da Bahia. Nesse dia, a deusa troca de vestidos inúmeras vezes e esse comportamento parece corresponder ao que dizem os mitos: Oyá transformou-se em búfalo, em vento, no Rio Níger, em elefante, em coral (id., ibid., pp. 296, 301, 302, 304). Mas é na dança que Oyá torna-se um espetáculo. Dança com movimentos rápidos - é o vento. Dança com a espada que controla a tempestade, desafiando Ogum. Dança chamando e afastando os espíritos. Jorge Amado, sobre a Iansã de Olga, diz:

> *"Outro belo e puro terreiro jeje-nagô de Salvador é a Sociedade de São Jerônimo - Ilé Moroialage (Alaketu), na rua Luiz Anselmo 65, no Matatu de Brotas, mãe-de-santo Olga Francisca Régis, figura de grande dignidade e doçura, filha de Iansã. A festa de sua santa é sempre um espetáculo magnífico. O padroeiro do terreiro é Oxóssi, mas a casa é de Oxumarê, o arco-íris." (1970, p. 108)*

Jorge Amado cita também o Alaketu e sua sacerdotisa:

> *"Juntos fomos os três à festa de Iansã no terreiro do Alaketu e ali pude exibir muita cultura especializada, demonstrando-lhe meus conhecimentos e muita valia. No Candomblé de Olga, filha de Irôco e Iansã, no Alaketu, reconheceu os Orixás do livro de Archanjo e, fazendo ouvidos moucos às explicações do noivo da moça, os saudou com alegria e amizade. Apoiado em seu reluzente paxorô, Oxalá veio dançando até ele e o acolheu nos braços. 'Seu encantado, meu pai, é Oxalufã, Oxalá velho' - disse-lhe Olga, levando-o para ver os pejis. Uma rainha aquela Olga, em seus trajes e colares de baiana, com seu cortejo de feitas e iaôs." (1971, pp. 21 e 85)*

Se Amado narra Olga, para Beata ele narrou pouco. Ela comenta: *"estava sempre aqui, conversando com minha mãe, perguntando as coisas; escreveu muito pouco sobre ela"*. Mas é de Pierre Verger que o sentimento de mágoa parece envolver a todos no Alaketu. É desta forma que uma das filhas de Olga expressa sua indignação: *"ah, ele vivia no Alaketu, minha mãe contava tudo para ele. Eram cadernos e mais cadernos; sen-*

tava à mesa e minha mãe junto. Ele perguntava e minha mãe contava; eram mitos, eram ervas, era tudo" (Nirinha, filha de sangue e equede do Alaketu). Uma outra filha diz: *"Pierre Verger passava o dia no Alaketu, sentado à mesa com os seus cadernos, tomando nota de tudo... tudo"* (Beata).

No entanto, sobre o fotógrafo francês, Olga não diz nada, mas parece que esse tipo de relação a deixou muito desiludida. Por isso diz: *"Meus Santos não; meus Santos dão, não me tiram"*. Porém, no cotidiano, percebe-se que Olga dá muito para os santos. Entre eles há uma relação de reciprocidade. Tanto é assim que o fato de Jundiara ter-lhe devolvido a visão fez com que a sacerdotisa, há mais de sessenta anos, celebre-o pelo menos duas vezes ao ano: no segundo domingo de janeiro e no dia 2 de julho, dia da Independência da Bahia.

A celebração do caboclo Jundiara ocorre através de inúmeros rituais. É claro que, seguindo os Orixás, o primeiro ritual é o sacrifício para Exu de um galo; dão-lhe também cachaça e acendem-se velas. Alinham-se em fila na ordem da hierarquia do Alaketu para saudarem Exu, e todos também tomam com ele um gole, participando, assim, de sua divindade. Enquanto a fila anda, todos cantam em sua homenagem. Saliente-se que a ocorrência de tal evento parece fazer parte do cotidiano do grupo, não havendo necessidade de nenhuma preparação anterior. Pelo contrário, a imagem que esse grupo transmite é de que está sempre preparado.

Esse ritual ocorre um dia antes da celebração do caboclo. No dia 2 de julho festeja-se o caboclo de forma simples; sacrifica-se pela manhã para Jundiara ao pé da tamarineira onde está assentado o caboclo, oferecendo-lhe também champanhe e cachaça. A oca, a casa de Jundiara, construída com tijolos e pintada de amarelo, com alguns detalhes em verde, é aberta, e os objetos ali existentes, como arco, flechas, cocar, braceletes, bandeira brasileira, vasos, são limpos. Acendem-se velas e oferecem-lhe muitas frutas. Mas nesse dia o caboclo não veio.

No final da tarde, cerca das dezessete horas, todos se reuniram na casa de Jundiara, e apesar de sua ausência, entoaram cantigas, saudando o caboclo tão querido.

As comemorações de 2 de julho, sob a ótica das elites, representavam a importância histórica da Bahia, pois significavam a luta travada pelo seu povo contra o estrangeiro - o português - para a libertação da Bahia. É nesse cenário de lutas contra o colonizador que emerge a figura do caboclo, da cabocla, protagonizada, às vezes, pelo índio, às vezes, pelo sertanejo. Mas, sem dúvida nenhuma, significando o índio, legítimo dono das terras brasileiras[12].

A grande celebração para Jundiara acontece no segundo domingo de janeiro, singularizando-o. Antigamente, essa festa era realizada na cidade de Salvador, e parte das festividades ocorria no próprio terreiro do Alaketu, com os sacrifícios, tanto para Exu, quanto para Jundiara. A missa, contudo, era celebrada numa igreja católica. Muitas igrejas celebraram Jundiara. Nas lembranças de Olga afloram Nossa Senhora Auxiliadora, Barroquinha, Igreja do Rosário do Pelourinho, o Mosteiro de São Bento. Em 1984, Lopes dos Santos registra que, em 1981, a missa em ação de graças ao caboclo ocorreu no Mosteiro de São Bento: *"Estavam presentes filhas-de-santo, equedes, ogãs, parentes e fiéis em geral"* (p. 17). Ainda é o mesmo autor que informa:

> *"Olga de Alaketu, elegantemente vestida de maneira sóbria e discreta, entra na Igreja, faz genuflexão e a celebração tem início. E no ritual de consagração, calma e lentamente, Olga entra em transe, chegando entre nós o caboclo Jundiara que permanece de pé até o final da santa missa, numa postura estática e de muita dignidade, sem a nenhum momento conseguir desviar a atenção de todos ali presentes." (id., ibid.)*

---

[12] Sobre o assunto, ver Bastide (2001) e Kracy (2000).

Mas o caboclo, segundo a sacerdotisa, "*não quis mais morar na cidade, quis morar no santo, então mudou-se para o sítio*". O sítio do caboclo Jundiara situa-se no município de Lauro de Freitas, próximo ao aeroporto e à praia do Buraquinho; lugar agradável por cujos arredores Olga gosta de passear, onde é conhecida por todos, e também é ali que alguns produtos para os rituais do caboclo são comprados, quando esquecidos na grande compra realizada em Salvador.

Em um desses passeios, avistou-se, em uma encruzilhada de terra, um bode morto, com a cabeça de um lado e o corpo de outro, e alguns panos coloridos. A leitura desse "encontro" parece indicar solicitação para Exu da morte de alguém. A iyalorixá olhou do alto de sua postura, que transmite dignidade, e falou: "*olha o que fazem; não foi para isso que fizemos o que fizemos; fizemos tudo para viver melhor, com mais dignidade! O Candomblé é vida, o Candomblé é festa*". Nas palavras da sacerdotisa encontra-se uma ética, cujo princípio parece dizer que apesar de existir o poder de realizar o mal, de desejar e obter a morte de alguém, isso não deve ser feito. A religião celebra a vida e não a morte.

A celebração da vida através da festa é, para Rita Amaral (1998), o modo de vida do povo do Candomblé, é uma herança africana. E nessa perspectiva deve ser entendida a grande festa de Jundiara, o caboclo, como herança africana que a sacerdotisa do Alaketu recebeu e detém. Desde que Jundiara mudou-se para o sítio, o segundo ritual, isto é, a missa em ação de graças, não acontece mais na igreja, mas no próprio habitat do caboclo. Mais precisamente, todos os rituais que o celebram são realizados no sítio que leva o seu nome. Assim, se Lopes dos Santos descreveu a missa de 1981 em ação de graças ao caboclo realizada no Mosteiro de São Bento, após 21 anos sem nenhum outro registro, descrevo o mesmo ritual, só que agora realizado no sítio.

No segundo domingo de janeiro de 2002, às nove horas, no barracão todo enfeitado com bandeiras brancas e verdes, com o altar cuidadosamente arrumado para a cerimônia, em que se notava, além de muitas flores arranjadas em vasos, um pássaro de louça verde e um terço. Dois padres da Companhia de Jesus esperavam o público ajeitar-se em seus lugares para dar início à celebração.

É quando Olga do Alaketu, elegantemente trajada com um vestido de musseline verde-água, em saltos altos, mas sem meia, entra no barracão e acomoda-se na primeira fileira entre suas duas filhas de sangue: de um lado a equede, de outro, a filha-de-santo. Os dois jesuítas iniciam a celebração da missa voltados para o público, entoando cantos e rezando, no que eram acompanhados pela maioria das pessoas lá presentes. No momento do sermão, o jesuíta que oficiava a missa discursa sobre a importância das tradições dos povos oprimidos. E durante o ofertório percebe-se a chegada de Jundiara.

O corpo da iyalorixá balança procurando apoio em sua filha-de-santo. Os dois jesuítas continuam a rezar a missa, agora de frente para o caboclo Jundiara, como se nada de diferente ali ocorresse. Mas Jundiara, em sua postura majestosa, continua com seu balanço, imperceptível para olhos leigos. A missa continua e a assistência, constituída de brancos e negros, reza e canta, enquanto o caboclo balança.

Ao fim da missa, pessoas da família rapidamente tiram do barracão as cadeiras nas quais a assistência sentava-se. Jundiara, já descalço, como um raio sai do barracão e torna a entrar, e passa a cumprimentar um a um dos presentes, cantando:

> *Bom dia para quem é de bom dia;*
> *boa noite para quem é de boa noite.*
> *Abença pai, abença mãe;*
> *Sou Jundiara, sou o rei da Hungria.*

Os atabaques tocam e ressoam seu som para Jundiara e seus convidados dançarem, pois o caboclo, com gestos próprios, chama para o transe. Dessa forma, o barracão fica repleto de caboclos, caboclas, caboclinhos, caçadores. O público também participa da festa e cumprimenta o caboclo, que o abraça fraternalmente.

Jundiara distribui charutos acesos, jogando-os diretamente para a pessoa agraciada. Segundo os comentários de algumas pessoas ali presentes, *"é para fumar, guardar e usar quando necessário"*. De repente, Jundiara repete o gesto do raio e sai do barracão; dirige-se para seu assentamento - a árvore tamarineira - acompanhado de ogãs, equedes e alguns filhos-de-santo. Dá-se o sacrifício de dois ou três faisões, o sangue cai na terra, espocam-se rojões. É o sangue do índio, do negro. É o Brasil. O céu é azul anil. A bandeira brasileira está aí para não haver dúvidas de que o sacrifício é brasileiro. O cenário ali constituído mostra as três etnias que formam o Brasil: o índio, protagonizado por Jundiara; o negro, por Olga e suas famílias, além de convidados; o branco europeu, pela Companhia de Jesus. Sem sombra de dúvida, o grande articulador é Jundiara que, além de articular as três etnias, abre o diálogo entre as três religiões: afro-brasileira, indígena e católica.

À noite, em torno das vinte horas, Olga de Alaketu entra novamente no barracão com roupa de Candomblé, com um turbante cobrindo-lhe os cabelos. Os atabaques soam, Jundiara chega e novamente chama seus convidados para a dança. Surpreende perceber que após o xirê dançado somente por mulheres, há a presença de um caçador. É a presença do homem em transe, mas ele dança sozinho[13]. Olga é de Iansã, a Orixá que gosta de transgredir. Talvez seja por essa razão que a sacerdotisa, descendente direta de uma das cinco mais importantes famílias Ketu, receba o caboclo sem nenhum constrangimento, revelando o Jundiara no transe, em que ela lhe transmite sua natureza humana e sua etnia negra e dele recebe algo de sobrenatural e da etnia indígena.

Posso ler esse encontro, ainda, como a troca entre as minorias, como as relações de reciprocidade de quem não detém o poder: é por

---

[13] Sobre a presença do masculino na dança, informaram-me que ele não pertencia ao Alaketu, era só um amigo da casa.

isso que a troca flui. Há entre elas ressonância, as duas têm o mesmo tipo de energia. Porém, tanto faz se a questão apontada anteriormente - *será Jundiara, Oxumarê?* - for afirmativa ou negativa. Em ambos os casos revela-se a importância do elemento brasileiro nesse contexto. Dito em outras palavras, se Oxumarê se transformou em Jundiara, provavelmente o fez devido à importância do elemento brasileiro, "primeiro habitante do Brasil", como diz Olga.

Jundiara atualiza a religião afro-brasileira, aproximando-a mais de seu povo para entendê-lo e auxiliá-lo. Mas essa facilidade de Olga de Alaketu em transitar entre o mundo dos deuses e o mundo dos homens, entre o mundo dos vivos e o mundo dos mortos, entre o mundo dos Orixás e o mundo dos caboclos, também faz com que ela se volte para a tradição Ketu e diga: *"olhe, minha filha, na minha casa só mulher pode ser rainha. Ora, por quê? Ela tem mais axé"*.

As palavras de Olga fazem-me retomar a discussão da mulher africana, aos cultos a Iyá Mi Oxorongá, à informação de Lawal, de que as mães, devido aos conflitos originados na família poligínica, desenvolveram poderes ocultos para proteger a si e a seus filhos; ao desenvolvimento profundo do sentimento materno, e começo a compreender porque a mulher é a sacerdotisa central dos primeiros terreiros de que se tem notícia.

É Lawal quem diz, citando Abimbolá: *"de fato, alguns versos divinatórios de Ifá apresentam as feiticeiras como sendo mais poderosas do que muitos Orixás"* (1996, p. 32). É por isso que, no Alaketu, a santa da barriga, Iyá Apaoká - a mesma Iyá Mi Oxorongá -, esta assentada e é cultuada. Em toda sua trajetória, Olga, como o mito, esconde revelando, revela escondendo. No entanto, em relação ao caboclo Jundiara, a sacerdotisa não esconde, pelo contrário, revela. Ela prescinde de legitimação como a pedra, Olga é.

MULHERES NEGRAS
NA MODERNIDADE BRANCA

As grandes mães parecem estar desaparecendo na cidade da Bahia. Em São Paulo, é óbvio que o Candomblé existente não tem comparação com o de Salvador. No entanto, no início dos anos 80, quando pesquisei a mulher nas religiões afro-brasileiras, percebi que, por um lado, para certos grupos de mulheres, especialmente as negras, o Candomblé trazia satisfação, constituindo-se em lócus privilegiado de sociabilidade feminina; por outro lado, a mãe-de-santo apresentava-se como protagonista importante na formação da identidade étnica que se multiplicaria na metrópole.

Michelle Perrot, ao analisar as mulheres que foram excluídas da história, comenta:

> *"E sua fala jovem e masculina, onde brilham as luzes da Capital, reduz ao mutismo as velhas mulheres guardiãs da memória como Foucssoune, curandeira e médica da aldeia, cujos contos embalavam os serões. Aos poucos elas se retiram para a sombra, tristes e silenciadas." (1992, p. 210)*

Esses fatos relatados por Michelle Perrot estão circunstancializados na modernidade, em que: *"(...) a busca da ordem, a promoção da calculabilidade, a fabricação e a celebração do novo, e a fé no progresso são suas características fulcrais"* (Smart, 1993, p. 110). A modernidade, com suas atitudes, afasta as guardiãs da memória - as mães-de-santo - que também foram, como Foucssoune, um pouco curandeiras, médicas, poetas e adivinhas, pois são dissonantes ao discurso do progresso; são perigosas, são capazes de armar, além de resistências, a manutenção de dissidências contrárias à ordem, a racionalidade aliada à calculabilidade. Dessa forma tendo a concordar com a historiadora francesa.

Na metrópole paulista, o primeiro terreiro declaradamente de Candomblé de que se tem notícia foi fundado por uma mulher negra vinda da Bahia, chamada Mãe Manodê. Seu templo, até hoje localizado na Vila Brasilândia, é o Terreiro Santa Bárbara, fundado entre 1958 e 1960. À época da primeira edição de *Negras, Mulheres e Mães*, Mãe Manodê tinha 82 anos, vindo a falecer em 2005 com 101 anos. Em suas lembranças consta que chegou a ter quarenta e um filhos-de-santo. No entanto, em suas palavras, *"poucos ainda me procuram, mas eu socorri muita gente, quem não podia, até roupa eu dava. Hoje essas roupas estão todas empilhadas aí, os ratos estão comendo tudo"*. Esse depoimento muito significativo mostra que esse terreiro está agonizando; os filhos-de-santo a abandonaram. Mas Mãe Manodê continua sua narrativa: *"Estou velha e doente; as pernas estão pesadas; tenho muita dificuldade para andar. Os remédios são custosos. Quero ver se consigo tombar a casa"*.

Essa última parte do depoimento, além de mostrar as dificuldades econômicas que essa iyalorixá esta vivendo, inclusive quanto à compra de remédios, faz alusão ao futuro. O significado do tombamento é, no limite, a manutenção de sua tradição, pois como ela diz: *"estou velha e doente"*. Seu depoimento continua: *"Tombando, ele fica e eu tenho condições de cuidar como cuidava dos meus Santos antigamente"*. Na verdade, o tombamento do terreiro pelo Condephat aponta para a preservação, não só do sítio, mas, especialmente, da fé, *"porque para cuidar direito dos santos"* precisa-se também de recursos econômicos, seja para reformas necessárias, seja para as festas públicas que, como já disse Amaral (1998), é o modo de vida do povo do Candomblé.

Se o primeiro terreiro paulista, fundado por uma mulher negra que veio da Bahia, encontra-se nessa situação de carência, tanto econômica quanto de adeptos, há nessa cidade uma outra mãe-de-santo, mais jovem, cujo terreiro parece ir muito bem. "*Sabe, meu terreiro é muito bom; tudo vai bem!*" (Iyalorixá paulista, 60 anos).

A iyalorixá explicita o sucesso de seu terreiro: "*aqui não tem muito preto, são três ou quatro*". Esse depoimento revela, por um lado, que o povo criador dessa religião é alvo de uma mãe-de-santo racista, e, por outro, que o próprio racismo parece estar penetrando em alguns terreiros do Candomblé. Porém, tanto o Candomblé baiano quanto o paulista não têm unidade. Em outras palavras, não existe nada que os uniformize. É nessa perspectiva que se pode dizer que cada terreiro é um terreiro. É claro que existem linhas de orientação, especialmente em relação aos rituais, caso o terreiro pertença à nação Ketu ou Angola; mas não resta dúvida de que no interior do terreiro todas as normas, as diretrizes, as orientações emanam da mãe ou do pai-de-santo. Portanto, muitas das orientações existentes em um dado terreiro têm a ver com a história de vida de seu chefe.

Prandi, a respeito do Candomblé paulista, já dizia:

> "*O Candomblé iorubano ou nagô e o Candomblé de angola virão a se instalar em São Paulo não mais como religião de preservação de um patrimônio cultural do negro, religião étnica, mas sim como religião universal, isto é, aberta a todos, independente de cor, origem e extrato social.*" (1991, p. 20)

O Candomblé, à medida que vai deixando de ser uma religião étnica, torna-se uma religião aberta a todos. Nesse sentido, pode haver abertura de brechas em alguns terreiros que permitem a penetração do racista, que, por sua vez, fragmenta a religião naquele lócus, abolindo a história ao renegar sua própria origem. Os estilhaços a-históricos movimentam-se na metrópole paulista, acoplando-se aqui e ali. Mais precisamente, podendo imbricar-se nos neo-exoterismos. Dessa forma, na metrópole paulista[14], encontram-se ex-adeptos e mesmo participantes ativos de alguns terreiros de Candomblé que criticam a religião afrobrasileira. Uma adepta comenta:

> *"Não sai da religião, sai do terreiro; que sociabilidade que nada! Mulher negra pobre só fica na cozinha e lava banheiro. Eu continuo com os Orixás; coloco água na quartinha. Tenho uma mãe-de-santo baiana, muito amiga, que, de tempos em tempos, vem na minha casa dar obrigação para mim."*
>
> *Mulher negra, 40 anos*

A narrativa dessa mulher também mostra fragmentação. Em outras palavras, ela separa a religião do terreiro, isto é, ela tira os Orixás de seu espaço sagrado para não ser alvo da discriminação, do tratamento desigual. Percebe-se, assim, que o racismo pode fragmentar a religião em várias direções. O racista corta-lhe a origem; os indivíduos que são seu alvo, para não viverem a discriminação, separam os Orixás do terreiro. Na realidade, os "Santos" mudam-se, saem do território sagrado e vão morar na casa de seus respectivos adeptos. Nessa perspectiva, por um lado, os Orixás perdem seu espaço sagrado, por outro, seus filhos perdem a sociabilidade, o convívio com a família de santo, aspectos fundamentais do Candomblé. Porém, também as narrativas de participantes ativos do Candomblé revelam críticas. Assim diz uma filha-de-santo:

---

[14] O universo desta pesquisa limitou-se à capital paulista. No entanto, as características da modernidade, aliadas ao fato de o Candomblé ter se tornado uma religião universal em outras regiões, faz com que o racismo possa ocorrer também em outros terreiros brasileiros.

"Ah, é muito difícil aguentar o tratamento no terreiro depois que a gente entra na universidade, porque aí a gente começa a perceber o tratamento que a mulher negra recebe. Querem submissão da gente!"

Mulher negra, filha-de-santo, universitária

O tratamento de submissão a que a filha-de-santo se refere pode ser interpretado como relativo à hierarquia do Candomblé, mas parece ser mais do que isso quando a narradora explicita que expectativa desse comportamento de sujeição tem relação com o fato de ser mulher negra. As fundadoras do Candomblé - as mulheres negras - encontram, atualmente, em alguns terreiros, um espaço de sujeição e não de sociabilidade, criação e recriação de identidade. Também por isso que digo:

"Não se entende a religião nem em sua realidade nem em seu conceito se quiséssemos explicá-la isoladamente; a religião não é nenhum Robson Crusoé. A religião não se constitui em nenhuma comunidade separada, mas é parte do povo que a criou."

(Bernardo, 1997, p. 109)

Para que esse diálogo ocorra, a religião deve estar baseada em símbolos inteligíveis para seu povo, para o povo criador. Na verdade, quando a mulher negra tem de ser submissa, parece que o dialogo entre a religião e o povo que a criou foi extinto, pois nos mitos, que são as bases dessa religião, as deusas - Iansã, Iemanjá, Oxum, Obá, Nanã - não aparecem como submissas e também não são tratadas como tal.

Um outro depoimento é bastante revelador sobre essa situação: *"o Candomblé não dá mais para ir, é muito caro aquelas roupas de rechiliê. É lindo, mas é muito caro"* (ex-filha-de-santo, negra, 28 anos). Essa ex-filha-de-santo coloca na discussão outra variável: a econômica. Mais precisamente, alguns terreiros de Candomblé parecem ter sofrido um processo de ascensão social, mas o mesmo não ocorreu com o afrodescendente, especialmente a mulher. Assim, essa ascensão social ocorreu devido à população branca frequentadora desses terreiros. Dessa forma, o dialogo da religião com o povo que a criou parece estar longe de concretizar-se. Certos terreiros dessa expressão religiosa tornaram-se o Robson Crusoé, pois subtraíram de si o povo criador[15].

Freire da Costa, em relação às vicissitudes sofridas pelo negro brasileiro em ascensão social como consequência do racismo, comenta que a maior violência é o processo de branqueamento. Em outras palavras, esse processo parece ser o de subtração dos atributos negros do negro - para ser aceito pelo branco. Parafraseando Freire da Costa para interpretar o Candomblé que vive o processo de ascensão social, percebe-se a perda gradual dos atributos negros, chegando-se mesmo a expulsar o seu próprio povo criador. Esse processo explicado por Freire e adaptado para o Candomblé parece ter significado para outros *loci* de criação-recriação da identidade negra que podem ter sido penetrados pelo racismo. Os depoimentos das mulheres negras revelam, por um lado, que o Candomblé é uma religião inadequada à participação, porque é muito caro; por outro lado, mostra que a condição socioeconômica da mulher negra parece ser precária.

Para ficarem claras as condições de vida dos negros no contexto da sociedade brasileira, vale a pena examinar alguns dados demográficos, colhidos à época da pesquisa que originou a primeira edição de "*Negras, Mulheres e Mães*" (1998-2003).

---

[15] Os números relativos ao censo de 2000 revelam que houve uma diminuição entre os adeptos das religiões afro-brasileiras frente aos dados anteriores, o que se manteve no censo de 2010. No entanto, no que diz respeito ao Candomblé, houve um pequeno aumento. Esse fato sugere a entrada dos estratos médios brancos nessa expressão religiosa. Nesse sentido, houve o encontro de dados qualitativos com os quantitativos.

Tabela 1. Expectativa de vida desagregada por sexo e grupo étnico

Sexo / Grupo Étnico	Expectativa de vida em anos
Homens brancos	69
Mulheres brancas	71
Total brancos	70
Homens afro-brasileiros	62
Mulheres afro-brasileiras	66
Total afro-brasileiros	64
Total da população	66,8

Fonte: PNUD 1999. Dados elaborados por Juarez Castro de Oliveira (DEISO/IBGE)

Tabela 2. Índice de Rendimento

Afrodescendentes		Brancos	
Homens	*Mulheres*	*Homens*	*Mulheres*
0,66	0,51	0,81	0,65

Fonte: PNUD 1999. Dados elaborados por Juarez Castro de Oliveira, citado por PASE, 2000

A escolha das variáveis "expectativa de vida" e "índice de rendimento" deveu-se, por um lado, às relações existentes entre as duas, por outro, à que a expectativa de vida é uma categoria das mais completas para mostrar as condições de vida de uma dada população.

Walter Lezer[16], nos anos 70, mostrou que havia uma relação inversamente proporcional entre a taxa de mortalidade infantil e o salário

---

[16] Walter Lezer foi Secretário da Saúde do Estado de São Paulo no governo de Paulo Egídio Martins, de 1975 a 1978, e também professor da área de Saúde Preventiva da Escola Paulista de Medicina.

real. Dito em outras palavras, à medida que aumentava o salário real, decrescia a taxa de mortalidade infantil. Essa última era a mais completa para medir as condições de vida de uma determinada população, pois nela estavam embutidas: educação, moradia, saúde, alimentação, saneamento básico. No entanto, posso considerar, atualmente, a expectativa de vida, pois nela já vem calculada a mortalidade infantil com todos os seus desdobramentos. Os itens saúde, moradia, saneamento básico, educação e alimentação, entretanto, são calculados não somente no nascimento, mas é realizada uma projeção por um período de tempo determinado.

Dessa forma, o dado expectativa de vida parece ser completo para medir desigualdades sociais quando comparo dois ou mais grupos populacionais. Evidencia-se que os dados embutidos na expectativa de vida são considerados bens econômicos. Dessa forma, posso afirmar que existe uma relação diretamente proporcional entre o índice de rendimento e a expectativa de vida, salvaguardando a questão de gênero, isto é, as mulheres vivem mais que os homens. Em outras palavras, viver mais é uma especificidade feminina.

No entanto, nunca antes no Brasil havia sido calculada a expectativa de vida desmembrada entre etnias diferentes. Esse desmembramento surpreende porque permitiu perceber que a mulher negra vive mais no interior de sua própria etnia. Em outras palavras, apesar de seu índice de rendimento ser de 0,51 e o de seu parceiro 0,66, a especificidade da mulher negra foi resguardada porque ela vive 66 anos, enquanto seu parceiro, apesar de ter rendimento maior, vive 62. Portanto, a mulher negra vive 4 anos mais que o homem da mesma etnia. Mas quando se compara a mulher branca com a afrodescendente, percebe-se que a primeira tem índice de rendimento de 0,65, enquanto a segunda, 0,51, e a expectativa de vida da primeira é de 71 anos, enquanto a da segunda é de 66. Mais precisamente, a mulher branca vive 5 anos mais que a mulher negra, e a diferença no índice de rendimento é de 0,16.

Tanto a expectativa de vida quanto o índice de rendimento estavam encobertos, mas, à medida que houve o desmembramento, chegou-se à conclusão de que a questão não era de gênero, mas étnica. Surpreende também a comparação entre o homem branco e a mulher negra, pois se descarta a ideia usual da Organização Mundial de Saúde (OMS) de que as mulheres vivem mais que os homens. A expectativa de vida da mulher negra é de 66 anos, enquanto a do homem branco é de 69; o índice de rendimento da mulher negra é de 0,51, enquanto o do homem branco e de 0,81. Em outras palavras, as condições de vida da mulher negra são tão precárias que sua esperança de vida é de 3 anos menos que a do homem branco. Isso significa que houve um deslocamento do lugar ocupado pela mulher negra, pois, usualmente, tinha-se como pressuposto que a mulher vivia mais do que homem devido à especificidade feminina. Não se sabe se essa situação vem do passado ou se é um dado do presente. Mas é certo que o índice de rendimento da mulher afrodescendente é o mais baixo entre os grupos que compõem a população brasileira.

O fato de não existirem dados referentes à expectativa de vida desmembrados em cor para os períodos anteriores a 1999 faz com que eu utilize a taxa de mortalidade infantil para fins comparativos, uma vez que essa taxa é uma das mais significativas da expectativa de vida. Assim, a comparação mostra que a mortalidade infantil aumentou, o que me permite inferir que a esperança de vida diminuiu. Mais precisamente, no período de 1980 a 1990, houve um crescimento na taxa de mortalidade infantil de 21/1000 para 40/1000 de crianças brancas e negras. No entanto, em 1996, a taxa de mortalidade infantil negra chegou a atingir o patamar de 67/1000. Essa taxa diz respeito não só às crianças, mas abrange também as mães - as mulheres negras.

Outro dado importante, fornecido pela Folha de S. Paulo (3/4/2002), que permite comparação, diz respeito ao salário real que, da década de 1980 para a de 1990, decresce em 18,8%. Essa diminuição do salário real em São Paulo ainda é menor do que em outras regiões metropolitanas brasileiras: Belo Horizonte, Porto Alegre, Recife, Salvador. O motivo da queda salarial foi o desemprego crescente no período. Nos anos 90, o desemprego atingiu patamares recordes, subindo de 8,7% em 1989 para 19,3% em 1999. Para as mulheres e os negros, a situação ainda é pior. Em São Paulo, o desemprego feminino atingiu 21,7% em 1999; para os negros, a taxa de desemprego foi de 24,3% em São Paulo, contra 16,8% para os não negros.

A diminuição do salário real, por sua vez, mostra que a relação inversamente proporcional verificada por Lezer em 1970 continua existindo: à medida que diminui o salário real, aumenta a mortalidade infantil; mas outra relação também se destaca: à medida que aumenta a taxa de mortalidade infantil, porque diminui o salário real, diminui a esperança de vida.

Os dados também mostram que a situação da mulher e do homem negro é a pior; mais precisamente, seus salários foram os mais atingidos em seu poder de compra, portanto, o salário real da mulher negra é o mais baixo de todos os grupos que constituem a população brasileira, coincidindo, é claro, com a Tabela 2, que mostra Índice de Rendimento. No limite, são as condições de vida precárias da população afrodescendente que fazem com que a mulher negra viva 3 anos menos que o homem branco, rompendo com o pressuposto de maior longevidade da mulher.

O mais interessante – e preocupante -, porém, é perceber como mesmo após 16 anos da pesquisa original, os números apresentados continuam se não idênticos, muito similares – assim como a discrepância entre eles quando analisamos especialmente o índice de rendimento entre mulheres afrodescendentes e homens brancos. De acordo com o relatório Retrato das Desigualdades do Instituto de Pesquisa Econômica Aplicada (IPEA), publicado em 2011 e que toma por base os dados censitários dos anos 2000 e 2010, a renda média da mulher negra era de R$544,40 – frente R$833,50 do homem negro (53,1% maior), R$957,00 da mulher branca (75,7% maior) e R$1.491,00 do homem branco (173,8% maior). Além disso, no Relatório Anual das Desigualdades Sociais, do Núcleo de Estudos de População, da Unicamp, publicado em 2011, a expectativa de vida das pessoas negras em relação às pessoas brancas é 6 anos menor; o mesmo relatório mostra ainda que a apenas 47,78% da população negra com mais de 18 anos tem ensino fundamental completo, frente a 62,14% da população branca na mesma faixa etária.

Essa ruptura parece estar relacionada ao racismo. Em outras palavras, o racismo rompe, de um lado, com as possibilidades de condições objetivas de vida, de outro, extermina pouco a pouco, tanto o desenvolvimento de aptidões individuais, quanto às possibilidades criativas do grupo. É justamente nessa perspectiva que o lócus de criação e recriação da negritude ganha sentido, sobretudo quando se percebe a existência do mito da democracia racial, cuja fundação data dos anos 30, mas que é reatualizado, ainda, nos dias de hoje.

Parece que reflexão semelhante esta sendo realizada pelo movimento negro em suas várias vertentes em São Paulo. Tanto é assim que há indivíduos ou grupos que estão entrando no Candomblé. Não quero dizer que o objetivo dos integrantes do movimento negro no terreiro seja somente político, nada tendo de religioso; pelo contrário, parece haver o entrelaçamento dessas duas dimensões. Na realidade, no passado, o movimento negro olhava o Candomblé como alienante. No presente, parece haver uma maior flexibilidade entre os diferentes grupos que constituem o movimento, inclusive em relação ao Candomblé. Se essa nova e ainda tímida configuração sobreviver, ganha o terreiro porque expulsa os racistas, ganha o movimento negro porque a família de santo parece ser um núcleo por excelência para o desenvolvimento da etnicidade. Retorno aqui às palavras de Olga de Alaketu, quando diz: *"fizemos tudo isso para viver melhor com mais dignidade"*.

Viver melhor, em condições dignas de vida, parece ser uma necessidade das mulheres negras no presente. No entanto, a violência do racismo, visualizada nas taxas de mortalidade infantil, na expectativa de vida, nas taxas de rendimento e no salário real, faz com que se torne importante perceber, por um lado, como as mulheres negras representam o racismo sofrido desde a década de 1930 até os anos atuais; por outro, as características do mito da democracia racial, que constitui outra dimensão do racismo, à medida que encobre, desfoca a discriminação, criando a ilusão da harmonia racial.

As mulheres dos anos 30 parecem lembrar sem dificuldade do racismo vivido, da discriminação sofrida. Assim uma mulher narra:

> *"Na adolescência eu tive uma pequena desilusão que depois foi reparada, mas aquilo me marcou muito, eu estava numa sociedade com a filha da patroa de minha mãe, e sumiu um dinheiro; numa maleta das meninas sumiu um dinheiro e eu fui o alvo; acharam que era eu porque eu era preta; isso me marcou; ficou provado depois que achou quem foi a menina; no caso, a filha da patroa de minha mãe me defendeu de todos os lados, que por mim ela poria a mão no fogo! Era a época dos mil réis ainda!"*
>
> *Mulher negra, geração 30*

O relato do racismo, aqui, parece vir marcado pelo tempo dos mil réis; eram os anos 30 quando se deu o ocorrido, época do nascimento do mito da democracia racial. É nessa perspectiva que a mulher negra parece ter certeza da discriminação sofrida e da sua causa. Como ela própria diz: *"porquê eu era preta"*. O mito da democracia racial ainda não tivera tempo suficiente para deixar que o racismo agisse nos subterrâneos, impossibilitando uma percepção clara da violência sofrida, confundindo a visão, especialmente de quem é seu foco. Desse modo, a visão da discriminada é objetiva.

Se havia racismo, havia também espaços para a construção de identidades. É nesse sentido que emergem as irmandades católicas, que, de um lado, foram criticadas como um não lugar para a ocorrência da negritude, mas de outro, a memória feminina negra das gerações dos anos 30 e 40 traz para o presente a Irmandade do Rosário como espaço da festa, da alegria. Se, em uma visão impressionista, o ar de festa tem a ver com o não racismo, pode significar, ao contrário, que a existência dessa igreja é fruto da separarão, da guetização. Assim, a lembrança da festa parece estar associada à luta e ao sucesso pela ocupação do território porque, sem dúvida nenhuma, tornou-se uma igreja negra. Mas não só a Irmandade do Rosário se constitui como um lócus de negritude. Outra mulher narra:

> *"Eu dormia no colo de meu avô, toda noite ele cantava para eu dormir. Essas músicas africanas, sabe esse tipo, esses sons africanos, aquela música... Ele ficava cantando... Meu avô veio da África para Minas quando tinha nove anos."*
> *Mulher negra, geração 30*

Assim a família também aflora, nas lembranças, como um elemento importante da etnicidade para algumas mulheres negras. Aqui há o encontro entre as narrativas de Kathryn Morgan (2002), sobre as norte-americanas, e as afrodescendentes brasileiras. Dito de outra maneira, as histórias das mulheres negras brasileiras e norte-americanas revelam como o núcleo familiar é fundamental para a constante recriação da etnicidade. Halbwachs (1990) já comentava a importância dos avós para a memória coletiva, pois as experiências dos mais velhos eram transmitidas com sabedoria para os jovens. Na realidade, enquanto os pais estão mais voltados para o presente, para o trabalho, são os avós que transmitem as experiências do passado, de seus ancestrais, para as novas gerações. Sublinha-se aqui a importância da memória coletiva para a etnicidade. Tanto para as mulheres negras norte-americanas da família Morgan, quanto para algumas mulheres negras brasileiras[17], as mais velhas ganham destaque, seja em seus relatos seja nas comidas preparadas, seja nos aspectos religiosos relatados.

No caso das brasileiras, afloram nas lembranças a congada, a reza no sobrado, as histórias das feiticeiras, o culto aos Orixás. No caso norte-americano Morgan mostra, também, que a religiosidade é um legado feminino transmitido pelas avós, apesar de não pertencerem institucionalmente à religião de transe, vivenciaram proximidade com os espíritos, com divindades. Esses aspectos religiosos, sem dúvida nenhuma, são uma herança africana.

Percebe-se, assim, que a família, no caso brasileiro, também se destaca como um agente de etnicidade, especialmente aquela que possui a consciência do racismo, e por isso mesmo decifra o mito da democracia racial. Da mesma forma que o avô, o bairro também e importante nesse processo, especialmente o Bexiga, que é considerado um território negro, inclusive por ter havido, em seu interior, formações culturais afro-brasileiras, como a escola de samba Vai-Vai e alguns terreiros de religiões afro-brasileiras. E sobre o Bexiga, lugar onde nasceu, outra afrodescendente narra:

"Se eu vou falar da minha família, eu vou falar do Bexiga. Eu vivi no Bexiga desde que eu nasci. Sabe aquele túnel na Avenida Nove de Julho? Ainda não tinha aqueles prédios; a minha madrinha, a Nildete, era proprietária daquela parte do viaduto. Eu nasci ali pertinho, numa casa simples ali à direita, onde tem o viaduto que passa na Nove de Julho. Eles falam muito do Bexiga, mas esqueceram de falar da parte dos negros. Eles falaram muito dos italianos parece que o Bexiga levantou só com os italianos. Não é verdade; o Bexiga levantou também muito com o negro; o negro foi muito im-

---

[17] Pesquisa realizada com 70 mulheres negras e ONG Fala Preta!

portante. Inclusive lá tem a Vai-Vai. O negro batalhou muito e ainda batalha naquele bairro. Não se falava de negro. Agora não sei, mas só se falava nos brancos... no TBC, com aquele povo que trabalhou ali..."

Nessas lembranças estão embutidos tanto o Bexiga, como território negro, lócus por excelência do processo de construção da etnicidade, quanto o racismo que transforma o negro em um ser invisível. Na minha pesquisa anterior, a invisibilidade também surge, revelando que é em situações em que o negro esta "batalhando", como diz a própria narradora, que ele se torna invisível. A declaração de um sujeito que foi alvo do racismo era de que se sentia como uma sombra: "*eu era uma sombra; ninguém me via, quando eu fazia Economia na Faculdade Coração de Jesus*" (Bernardo, 1998, p. 133).

Na lembrança feminina negra dos anos 60, outros espaços despontam como propiciadores da etnicidade: escolas de samba, clubes como o Aristocrata, o de futebol Black in Pool, expressões religiosas como Umbanda e Candomblé. No entanto, apesar de locais em que a etnicidade se desenvolvia, uma mulher pertencente à geração da década de 1960 narra: "*desde que o mundo é mundo se valoriza mais a criança branca*" (mulher negra, geração 60). Por meio dessa concepção do racismo, entra-se no tempo do mito - desde que o mundo é mundo; entra-se no tempo do além, no tempo das origens. No entanto, esse tempo é muito distante do tempo dessa mulher. Assim, parece que há um tempo vazio entre o tempo em que a criança branca é valorizada e o tempo da mulher negra.

Ao remeter à explicação da desigualdade para o tempo das origens, para um tempo diferente do seu, a mulher negra, apesar de não aceitar a superioridade da criança branca e a consequente inferioridade da negra, parece inerte, não pode fazer nada, há uma distancia muito grande entre a criança branca e a mulher negra. Outro aspecto do racismo - segundo Freire da Costa, o mais violento - é o processo de branqueamento pelo qual uma mulher negra dessa geração foi capturada. Desse modo, ela diz: "*não tenho nenhuma fantasia sexual; só penso nos negócios, no financeiro. Não, eu não sou muito assim voltada ao sexo, eu acho que dá para fazer tudo o que gosto*". Essa mulher tem dificuldade de lembrar-se da infância e mesmo da juventude. Suas lembranças mostram quais são suas preferências:

> "*Ah, eu prefiro estar ali do que em outro lugar; eu não queria estar no ambiente da negrada. Eu sabia que era o prego que eu pagava em estar em contato com essas pessoas; eu nunca tive uma consciência negra de fazer questão de estar no meu meio, eu tenho uns primos que vão a baile só de negros.*"

O processo de branqueamento vivido por essa mulher é muito nítido. Ela própria diz que nunca teve uma consciência negra e que nunca quis estar entre negros. Na verdade, quando ela esquece, provavelmente, esquece das vivências do racismo cuja lembrança lhe traria grande sofrimento, como diz Freud (1964, p. 43) ao tratar das memórias encobertas. Por outro lado, ao expulsar o ambiente negro de sua vida, parece estar expulsando o ser negro de si.

Dessa forma, ocorre rejeição de seu próprio corpo, pois ele é negro como é a "negrada" que essa mulher rejeitou para conviver em meio aos brancos que, inclusive, discriminaram-na, como ela própria narra: "*eu tinha amizade com brancos de uma boa condição social; então sofria alguma coisinha, tipo que você está na festa e colocam um samba na vitrola e pedem para você sambar - essas coisas*". Essas discriminações sofridas por estar no meio branco faz com que o processo de branqueamento se intensifique; esse, por sua vez, faz com que ela rejeite seu próprio corpo; ao rejeitá-lo, nega-lhe a possibilidade de prazer sexual. Na realidade, parece que o prazer sexual transforma-se em prazer financeiro. É, no limite, o mecanismo de compensação, fruto da violência do racismo.

Se, por um lado, entre as mulheres que viveram sua juventude nos anos 60, percebe-se o processo de branqueamento escancarado, por outro lado, os anos 70 vibram com os movimentos sociais. Os anos 70 trazem os movimentos sociais também como agentes de etnicidade. Sobre essa temática, a afirmação seguinte é reveladora:

> *"(...) eram os novos movimentos de bairros que se constituíram num processo de auto-organização, reivindicando direitos e não trocando favores como no passado, era o surgimento de uma nova sociabilidade em associações comunitárias, onde a solidariedade e a autoajuda se contrapunham aos valores da sociedade inclusiva; eram os novos movimentos sociais que politizavam espaços antes silenciados na esfera pública. De onde ninguém esperava, pareciam emergir novos sujeitos coletivos que criavam seu próprio espaço e criavam novas categorias para sua inteligibilidade."*
> (Sader, 1988, p. 36)

Os novos movimentos de que fala Sader fazem surgir uma nova sociabilidade, que, para Pierucci, têm base na mesma exclusão vivida e que se desdobra posteriormente nas diferenças (2000, p. 159). Na realidade, "*a identidade e a diferença estão articuladas em identidades diferentes, uma nunca anulando completamente a outra*" (Hall, 1997, p. 94).

Parece ser esse contexto que faz com que aflorem mulheres com uma consciência negra. A portadora dessa consciência é uma bailarina de danças afro-brasileiras. Saliente-se que há elementos semelhantes de constituição da identidade entre essa mulher dançarina afro-brasileira e outra afrodescendente pertencente à geração dos anos 40, que dormia no colo de seu avô africano, ouvindo canções de ninar que lembravam a terra-mãe para os africanos e seus descendentes. Assim, a bailarina conta: *"Eu sou privilegiada, porque nem toda família negra possui um passado vivido há séculos (...), desde a África até a atualidade".*

É interessante notar que é justamente o conhecimento desse passado, que aprendeu com suas avós, que a faz querer conhecer mais as suas origens. Assim, ela continua:

> *"E na questão espiritual eu comecei a buscar pesquisar as partes religiosas com eles (avós) também, para entender um pouco mais sobre a questão do negro; o porquê das comidas gostosas, o porquê da dança, o porquê do remelexo, o porquê daquela coisa toda!"*

Ela é a agente da etnicidade. Ela é dançarina afro-brasileira! Em relação ao racismo, ela diz:

> *"Nunca fui alvo de racismo. Eu sou a rainha. Para dizer a verdade, eu não fui alvo de preconceito nunca! Eu tenho tradição, meus avós eram congueiros; eu lembro de rezas no sobrado. Mas antigamente, eu sei que em Campinas negro não podia andar na mesma calçada que o branco. Foi o meu avô que acabou com isso; foi lá e andou! Foi preso, mas andou! Eu sou desse tipo de família"*

Ainda a bailarina segue contando:

> *"Eu viajava muito com meu avô; então um dia nos íamos viajar e meu avô fazia uma compra para levar presentes para os parentes; comprava lençóis nas Casas Pernambucanas. Nesse dia, na Penha, ele estava bem à vontade, porque ele tinha casa de material de construção usado; ele fazia demolição. Entramos em uma loja Casa Teixeira - e começou a pegar os produtos de costume; só que havia mudado o dono, e um rapaz chamou ele e o colocou num canto - o famoso can-*

tinho - e perguntou porque ele estava pegando as coisas sem pagar; nesse época eu estava com oito ou nove anos. Meu avô ficou furioso e falou – 'Quero ver se você tem o dinheiro que eu tenho no bolso!' Começou a tirar o dinheiro e jogar no chão. – 'Põe o dinheiro aqui e compara com o meu! Só porque eu sou negro?! Eu sou cidadão, eu tenho direitos'."

Percebe-se, através desse relato, que a "dançarina afro-brasileira" teve uma escola familiar importante para afastar os racistas, o racismo. Ela aprendeu com as histórias de suas avós, o comportamento de sua mãe, a qual ela se refere como uma "batalhadora dos direitos dos negros", e de seus avôs, a ser uma cidadá, uma pessoa que tem direitos. Além disso, deve ser lembrado o orgulho de suas origens que lhe foi transmitido pelas histórias de seus avós. É nessa perspectiva que se pode entender a importância da etnicidade no enfrentamento do racismo.

Por outro lado, parece não haver mais na cidade situações de racismo como as vividas por seu avô. Na realidade, após o racismo ter-se tornado um crime inafiançável e imprescritível, a partir da Constituição Federal de 1988, houve uma mudança no comportamento racista. Em outras palavras, parece haver um comportamento diferente, o racismo parece se embutir ainda mais.

Nos anos 80, os espaços negros se traduzem nos bailes e na música. Foi a época do Chic Show, registrado por Silva (1998). Para a mesma autora, não era o discurso negro que se destacava entre os jovens, mas uma prática e um modo de vida que evidenciavam sua opção de identidade. No entanto, apesar dos bailes e da música, as jovens vivem o racismo em conjunto com o mito da democracia racial. Assim, uma delas declara: *"as meninas que andavam comigo falavam que eu era diferente dos negros; eu não sabia que diferença era essa"*. O racismo camuflado parece ter encontrado seu ponto alto nos anos 80, transformando a jovem negra em branca para o aceite do grupo. Porém, o que é o máximo em sofisticação é o processo de captura que o branqueamento instala quando a jovem negra declara não saber qual era a diferença. Na realidade, para o olhar das meninas brancas, a negra era diferente porque não era negra. Em outras palavras, por um lado, o grupo branco racista transforma a jovem negra em branca, por outro, a jovem negra, para ser aceita pelo grupo, passa a desenvolver ações e representações do ideal do ego branco.

No final do século XX, três jovens negras narram como o racismo era atuante:

"Em todos os lugares, sempre tem preconceito; porque em todos os lugares o preto foi inferiorizado a outras pessoas, então, tudo de melhor é para as pessoas brancas. Aí teve uma briguinha na escola: Ah, sua neguinha! Sempre tem isso; eu sentia, né? A professora nunca está vendo essas briguinhas, essas coisinhas."

Mulher negra, geração 70, 23 anos

"Eu trabalhava como secretária num escritório de advocacia; eu era a única negra que trabalhava lá e percebi que eles tinham muito receio de falar alguma coisa de negro; não eram racistas assim, mas também não falavam. Ficava alguma coisa no ar. A minha patroa era racista, mas não como ela era racista com os outros negros, porque ela disse que pegou um amor por mim que ela não me via como negro."

Mulher negra, geração 70, 22 anos, 2º ano de Direito

"Quem eu paquerava eram os rapazes brancos, por causa que eu pensava assim... eu não sei explicar isso daí... eu acho que eu falava assim: já sou preta, preciso arrumar uma pessoa branca pra... Ah, sei lá! (...) Nunca pensei nisso: por que

paquerava os rapazes brancos. Se você é uma nega bonita, que tem o corpo bonitinho, que dá para mostrar aos outros: 'essa daqui é minha namorada'! Mas se é uma moça que os outros não vão admirar; rejeitam, não dão bola, fingem que não está entendendo."

Mulher negra, 23 anos, decoradora, 2º grau completo

De forma diferente, os três depoimentos podem ser vistos alinhados em uma mesma perspectiva: a do mito da democracia racial. Na escola pública, a discriminação em relação aos alunos negros parece ser vista pelos professores como "briguinha", "coisinha". Tanto é assim que a jovem lembra-se do ocorrido dessa maneira. Em outras palavras, a escola trata os comportamentos racistas como se nada fossem, pois se encontra envolvida no mito da democracia racial. Assim, esses atos são invisíveis para os agentes educacionais.

No trabalho, o fato de a patroa advogada "amar" muito sua empregada faz com que a transforme em branca. No fundo, é a nova versão do negro de alma branca, recorrente nas lembranças das mulheres pertencentes ao meu universo de pesquisa. Na interpretação moderna, não é só a alma que é objeto do racista, mas a negra na sua totalidade é transformada pelo racista segundo seus desejos de brancura. Para que houvesse essa transformação, provavelmente havia ganhos secundários para a patroa advogada. Em outras palavras, ela transformou a jovem negra em branca porque precisava muito de seus serviços e/ou porque seu trabalho era excelente e/ou porque pagava menos pelo trabalho da jovem negra do que pagaria a uma mulher branca.

Na verdade, da ótica racista, ocorre um processo de negociação entre a cor e o trabalho realizado. Transforma-se a cor para poder usufruir do trabalho. Desse modo, se a estudante de Direito perdeu sua cor preta e ganhou a cor branca na fantasia da racista, é porque essa última acreditou que a estagiária era tão submissa e ela tão poderosa que teria a sujeição completa da jovem negra. É a possibilidade extrema da fantasia do pensamento autoritário. Mas se a jovem do escritório de advocacia foi transformada, se sua cor foi mudada, o último depoimento mostra que o processo de branqueamento que foi captado em sua totalidade com a mulher da geração dos anos 60 continua a vigorar no presente.

A expressão *"eu não sei explicar"* utilizada pela jovem negra para justificar por que só namorava homens brancos está diretamente referida ao branqueamento como um processo inconsciente. No seu caso, parece ser o início, porque o desejo da jovem é branquear a família pela união com um homem branco, e não o seu branqueamento pessoal, se bem que ter filhos mais claros pode significar seu próprio branqueamento. À medida que o claro sai de seu corpo escuro, o branco sai de seu corpo preto.

Os anos 90, como a década anterior, trazem consigo, como elementos da etnicidade, o baile e a música. É dessa década o Projeto Radial, que, além de propiciar a dança, faz parte das posses e associações dos grupos de hip-hop que:

> *"(...) buscam não só a solidariedade, a cumplicidade do grupo, mas o amparo institucional e assistencial que parecem não encontrar em lugar nenhum (...) São também responsáveis pela organização dos principais festivais, raves, bailes, que são realizados nesses centros urbanos."*
> *(Herschmann, 2000, p. 195)*

Na realidade, o hip-hop parece ser uma experiência participativa que atingiu várias dimensões. Mais precisamente, tem implicações sociopolítico-culturais. Tem-se aqui a eficácia do manejo político competente dos símbolos culturais que penetra na periferia, especialmente do eixo São Paulo/Rio, trazendo novos impulsos aos movimentos populares e denunciando as violências nas suas múltiplas formas, especialmente a do racismo, das desigualdades sociais, do autoritarismo. Dessa forma, percebe-se o trânsito de elementos do campo da cultura para o da política. Em outras palavras, o hip-hop, como agente da etnicidade, ganha o fórum político.

Dubois, em 1950, já mostrava a importância da música negra, especialmente a de origem na África e na escravidão, para a constituição da identidade do negro norte-americano. A tradição oral e gestual africana é reelaborada na música e na dança, constituindo a grande fonte de prazer para o afrodescendente. Paul Gilroy, sobre essa temática, diz:

> *"Onde a música é pensada como emblemática e constitutiva da diferença racial em lugar de apenas associada a esta, como a música é utilizada para especificar questões gerais pertinentes ao problema da autenticidade racial e a consequente auto identidade do grupo étnico? Pensar sobre música - uma forma não figurativa, não conceitual - evoca aspectos de subjetividade corporificada que não são redutíveis ao cognitivo e ao étnico." (2001, p. 163)*

A identidade reconstruída através da música pode trazer para o presente as origens do grupo, sejam reais, sejam inventadas; traz de volta também aspectos objetivos e subjetivos do pertencimento a determinada etnia, porém, mais do que isso, pode apontar para as questões da subjetividade, além de desenvolver a capacidade de pensar as possibilidades intergrupais, pois a música e a dança são também forma de comunicação. Ainda é Gilroy que argumentaria:

> *"A música e seus rituais podem ser atualizados para criar um modelo pelo qual a identidade não pode ser entendida nem como essência fixa nem como uma construção vaga e extremamente contingente a ser reinventada pela vontade e pelo capricho de estetas simbolistas e apreciadores de jogos de linguagem." (ibid., p. 209)*

É nesta perspectiva que se entende a constituição da identidade negra através da música, pois com ela se articulam linguagem, memória, gestos, significações corporais, desejos. Esses elementos têm a ver com a memória coletiva comum que, por sua vez, pode ser voluntária ou involuntária, mas tanto num caso como no outro trazem o passado no presente, podendo constituir a etnicidade dos jovens negros paulistas. Na verdade, a música pode fazer aflorar a memória involuntária proustiana, aquela cuja porta de entrada são os sentidos, em que os sentimentos, os fluxos dos desejos se orientam. É nesse sentido que Gilroy afirma: *"pensar sobre música evoca a subjetividade"* (ibid., p. 163).

A música, ao ter como substância conteúdos simbólicos criadores, por um lado, tem como referência o passado, a tradição; por outro, está aberta a elementos inovadores. É nessa perspectiva que a identidade reconstruída através da música não é essência fixa nem construção vaga, como também não tem como referência somente o próprio grupo, pois ela é linguagem, é comunicação. Além disso, pensar na música como propulsora da memória involuntária, de um lado, propicia o retorno ao passado, de outro, abre frestas para os fluxos dos desejos. Esses últimos, por sua vez, não remontam ao passado, mas apontam para um futuro que já é. É Ferrigno que desvenda as características do desejo:

> *"Os desejos podem ser florescimento da vida se levarem a uma política libertária, tanto mais intensa e abrangente quanto mais agenciamentos conseguir formar através de conexões com desejos dos outros. Rizoma de fluxos de desejos. Agenciamento coletivo de enunciação, sinônimo de processo de singularizarão e, no entanto, ser degenerescência da vida se for encarcerado, domesticado e territorializado na repetição e no isolamento."* (apud Mercadante, 1997, p. 35)

Parece ser essa a ideia que Gilroy quer transmitir ao se referir à música e à subjetividade: agenciamentos propiciadores, ponte para os desejos do outro, processos de singularizarão que levam a um devir libertário. É nesse sentido que a música evoca a subjetividade e esta, por sua vez, no dizer de Elizabeth Mercadante (ibid.), tem como elemento fundante o desejo, que no seu fluir é libertário.

A música parece significar, portanto, não só a possibilidade do processo de recriação da identidade, mas, sobretudo, de um devir que, além de libertário, é grupal, é social. Apesar do racismo existente na sociedade brasileira, que transforma-deforma o negro em branco, o negro em invisível, o negro em intelectualmente inferior, as ideias da democracia racial, ao fazerem parte dos mitos das sociedades complexas descambam para a ideologia, portanto, no lugar de mostrarem a realidade do racismo, encobrem; no lugar de revelarem o invisível, escondem mais. Nesse sentido, o mito da democracia racial mistifica, cria ilusão. Mais precisamente, disfarça as relações raciais, distorce a realidade das relações raciais no Brasil. Esse mito, segundo Barthes (1977, p. 11), transpõe a cultura em natureza, o que é produto da divisão de classe, consequência do racismo, e é apresentado como evidente por si mesmo - apesar do processo de branqueamento, cuja existência é consequência do racismo, fazer com que o negro expulse o negro de si mesmo, não obstante a modernidade fragmentar as identidades à medida que as relações sociais sofrem rupturas continuamente. Mas, apesar de todas as impossibilidades acima relatadas, a etnicidade, no início do século XXI, faz sua aparição na metrópole paulista. Sobre esta temática, diz Lapierre:

> *"Os traços culturais diferenciadores não são uma coisa qualquer (...) eles se formaram no curso de uma história comum que a memória coletiva do grupo nunca deixou de transmitir de modo seletivo e de interpretar, transformando determinados fatos e determinados personagens lendários, por meio de*

> um trabalho do imaginário social, em símbolos significativos da identidade étnica.
> (...)
> O que diferencia, em última instância, a identidade étnica de outras formas de identidade coletiva é o fato de ela ser orientada para o passado (...). Mas esse passado não é o da ciência histórica, é aquele que se representa a memória coletiva."
>
> (Lapierre apud Poutignat à alii, 1998, p. 13)

Nessa afirmação, além de o passado ganhar significado, percebe-se que ele é o da memória coletiva e não o da história. Ilumina-se, dessa forma, que a identidade étnica tem tudo a ver com o presente, pois o movimento da memória ocorre porque a situação atual clama por lembrar, em seguida vai ao passado, mas, sem dúvida nenhuma, retorna ao presente. Portanto, as criticas feitas à etnicidade, que é orientada para o passado, é provavelmente quando ele é pensado em relação à história e não à memória.

O movimento reversível da memória propicia perceber que a memória é viva e vive no interior do grupo que a mantém. É nessa perspectiva que pensar a etnicidade na metrópole, à primeira vista, pode parecer contraditório: ao aprofundar o olhar na modernidade percebe-se que ela traz consigo a compressão do espaço e do tempo. É nessa característica do moderno que a música age, pois ela é comunicação. Assim, por meio da música, como quer Gilroy, é possível, não só a constituição da identidade do afrodescendente brasileiro, como da identidade negra dos outros povos que viveram a diáspora e que se encontram em vários pontos do planeta, pois a música é comunicação. Eles, por sua vez, viveram várias situações em comum. África, escravidão, racismo, exclusão...

CONSIDERAÇÕES FINAIS

Este estudo apresenta uma polifonia feminina intensa. São vozes de mulheres africanas iorubás e bantas, que vêm de um passado longínquo, de lugares distantes. São vozes de africanas e suas descendentes, que andam pelas ruas e praças brasileiras desde o século XVIII até os nossos dias, são vozes de mulheres que fundaram os primeiros terreiros em Salvador. São as vozes de Olga de Alaketu e de algumas de suas filhas que falam para nós; são vozes de mulheres que viveram sua juventude dos anos 30 aos 90 do século XX, que atualmente vivem em São Paulo. São vozes de velhas, são vozes de jovens. São vozes que se aproximam, são vozes que se distanciam, são vozes que aconselham, são vozes que criticam. São vozes que pedem, são vozes que dão. São vozes que cantam, são vozes que choram. São vozes que se assemelham, são vozes que se diferenciam. São vozes que xingam, são vozes que rezam. São vozes que brigam, são vozes que gemem de amor. São vozes que gritam, são vozes que silenciam...

A tradução dessas vozes mostra que não há uma uniformidade feminina negra. Há diversidade. Não no sentido criticado por Pierucci, quando diz *"tantas diferenças quantas afinal puder produzir o delírio classificatório diferencialista das ilusões sensíveis"* (1999, p. I 18), mas no sentido de que as experiências vividas, que marcam intensamente os diferentes grupos constituintes da população feminina afrodescendente, sejam levadas em conta. Se as diferenças marcantes devem ser contempladas, os aspectos que as aproximam, isto é, as semelhanças, também devem estar presentes na análise: *"Mulheres negras: raça, um outro fardo. Qualitativamente diferente de gênero. Mais um fardo, portanto, em cima delas. Sujeição dúplice".* (id., ibid., p. 35).

As vozes das mulheres africanas, apesar de virem de um passado longínquo e de lugares distantes, narram que ocupam um papel de destaque nas feiras iorubás e também nas bantas, onde trocam, além de bens materiais, orações, rezas, canções, certas palavras que prometiam a cura, certas frases que significavam afeto. Tanto é que se tornaram ótimas comerciantes.

Em relação à sua vida familiar, vivida na poliginia, as mulheres africanas contam que, se, por um lado, viviam uma maior liberdade quando comparadas às mulheres que viviam na monogamia, por outro, contam que a poliginia acarretava uma série de conflitos, seja entre irmãos do mesmo pai, mas de mães diferentes, seja entre as co-esposas. Esse conflito escancara relações de hostilidade de tal monta que as mulheres desenvolveram, segundo Lawal (1996), poderes ocultos para sua própria proteção e de seus filhos. Tanto é que a pesquisa dos psicanalistas na África Ocidental revela que as mulheres relacionam-se corpo a corpo com seus filhos, sem a interferência de mais ninguém (Ortigues e Ortigues, 1984). Na verdade, a família poligínica é constituída de núcleos de mães com seus respectivos filhos, núcleos que, de certa maneira, digladiam-se.

A análise dessa permanente "guerra fria" entre esses núcleos revela, por um lado, o desenvolvimento intenso do sentimento de proteção, por outro, que a mulher africana teve que contar consigo mesma, por isso desenvolveu poderes sobre-humanos, poderes ocultos, o que demonstra mais que autonomia. Saliente-se que a autonomia feminina foi conquistada com muita luta em meio a rivalidades, ciúmes, medos e ameaças.

No entanto, para o sistema escravocrata que passou a vigorar a partir do século XVI entre Europa, África e Brasil, não interessava nem um pouco a autonomia ou a independência feminina, diria mesmo que pouco lhe interessava a mulher, seu interesse recaía diretamente sobre o homem. Na realidade, para o tráfico negreiro, não interessava a reprodução escrava, em que a mulher ganharia muito mais sentido. Tanto é assim que Conrad afirma: *"(...) os recém-chegados negros, entretanto, cruelmente tratados e com mulheres quase sempre em minorias entre eles"* (1988, p. 208). Apesar de terem vindo como escravos mais homens que mulheres, tanto uns quanto outros trouxeram consigo sua cultura - a cultura africana - para o Brasil. Em outras palavras, o escravo, nessa perspectiva, não é visto como mercadoria: essa é a visão do colonizador, sobretudo do traficante, do senhor. O escravo é criatura e criador, no sentido de ser criado pela e da cultura e criador da cultura.

    É nesse sentido que deve ser entendida a diáspora, como troca, como fluxos, especialmente de significados entre os africanos e os brasileiros, entre os afro-brasileiros e os africanos, enfim, entre os africanos e seus descendentes, onde estiverem. Se as mulheres não foram tão importantes quanto seus parceiros na produção escravista, elas souberam se destacar como ninguém no comércio: as mulheres das feiras africanas transformaram-se nas negras de tabuleiro, mostrando que a feira pode ser vista como símbolo da diáspora, da troca; que não existe caminho sem volta. As negras de tabuleiro chegaram, em alguns locais, a serem as responsáveis pelo comércio de gêneros de primeira necessidade. Quanto às escravas de ganho, algumas chegaram a comprar a própria alforria. Mas este não foi o fator determinante para que as mulheres fossem alforriadas antes e em maiores proporções do que os homens. Na realidade, isso ocorreu porque eles, como já foi dito, eram essenciais na produção. Mas, sem dúvida nenhuma, a mulher africana e suas descendentes abriram brechas, penetrando no mercado de trabalho, tanto formal quanto informal, que então se constituía no pós-abolição.

    Não só a feira africana é ressignificadas, a família poligínica também se transforma em tipos familiais diferentes: a matrifocal, com ou sem a presença do homem, e a monogâmica. A ressignificação da poliginia africana para a matrifocalidade não ocorreu somente no Brasil. Kathryn Morgan (2002) mostra que a mesma transformação ocorreu nos EUA. Observa-se que a matrifocalidade aqui analisada preenche todos os requisitos descritos por Smith (1982, p. 129) e analisados por Scott (1990, p. 39), inclusive as manifestações culturais e religiosas que destacam o papel feminino. Dessa forma, esse tipo de família não é explicado somente por fatores socioeconômicos, como, por exemplo, a alforria feminina, ocorrida antes e em maiores proporções; a lei do Ventre-Livre, que considerava como família a mãe e seus filhos; a entrada com mais facilidade da mulher nas brechas do mercado de trabalho livre no pós-abolição. São, sobretudo, as relações que ocorrem no interior da família matrifocal que a explicam: "*mesmo com a presença do homem na casa é favorecido o lado feminino do grupo. Isso se traduz em relações mãe-filho mais solidárias que relações pai-filho*" (id., ibid.).

Para a mulher afrodescendente, esse tipo de relação não foi novidade; na África, ela já ocorria na poliginia, em que a mãe e seus filhos formavam verdadeiros núcleos que se digladiavam com os outros, constituídos pelas diversas co-esposas e seus filhos. Tanto é que as africanas chegaram a desenvolver poderes ocultos para proteger a si e a seus filhos. Esses poderes sobre-humanos femininos estão relacionados, não apenas à família poligínica africana, mas, sobretudo, à família matrifocal e à família de santo, cujo poder, no seu início, residia na mulher que mediava a relação entre os deuses e os homens.

Dessa forma, através do desempenho do papel religioso, percebe-se mais uma vez a relação de gênero como uma construção cultural histórica. E não é somente o Candomblé que tem suas origens ligadas ao feminino. Mundicarmo Ferretti (1996) informa que tanto o Tambor de Mina quanto a Casa de Nagô foram fundados por mulheres.

O sentimento materno intenso de proteção, no universo das deusas, é representado por Iemanjá. Tanto que é considerada a mãe dos brasileiros, mas, ao se inter-relacionar a deusa e a mulher africana, percebe-se que Iemanjá representa muito mais: ela significa os poderes ocultos, ela é a feiticeira, é uma das grandes mães - Iyá Mi Oxorongá - que deixavam os negros baianos com medo. Na verdade, Iemanjá tem as características de mãe das sociedades tradicionais, provocando amor e medo. Iemanjá persegue a mulher negra ou a mulher negra persegue a deusa, tanto que, da mesma forma que a cirurgiã-dentista - um dos sujeitos que constituíram o universo da pesquisa[18] - embranquece, Iemanjá sofre o mesmo processo, deixando de ser mãe e esposa de seu próprio filho, para transformar-se em mãe de seu marido. A deusa deixa de ser a mulher fatal, perde o Eros. A cirurgiã-dentista, como Iemanjá, perde seu lado erótico e só pensa em ganhar dinheiro.

No entanto, Iemanjá continua representando o mesmo sentimento, tanto que seus seios arredondados têm como finalidade única alimentar seus filhos; nenhum "estrangeiro" pode tentar penetrar na relação de intimidade que a deusa mantém com eles por meio de seus seios. Os seios de Iemanjá constituem tabu para quaisquer homens que não sejam seus filhos. Na verdade, essa relação de intimidade que Iemanjá mantém com seus filhos significa, no limite, a mulher africana na poliginia, a mulher afrodescendente na matrifocalidade. Na realidade, tanto em uma situação como em outra, mantém intimidade com seus filhos, sem a interferência masculina, como na relação de Iemanjá com Oxum.

Porém, a característica que mais distingue Iemanjá de Oxum é a astúcia; a mulher afrodescendente teve que ser muito astuta para romper o espaço público, o espaço masculino; e, ainda na década de 1930, na Cidade da Bahia, torna-se notícia de jornal, como no caso de Aninha e Dionísia, que surgem como anfitriãs de congressistas do Segundo Congresso Afro-Brasileiro. Além de Oxum, outra deusa, cha-

---

[18] Pesquisa realizada pela Fala Preta!: "Sexualidade e afetividade em espaços negros: uma interpretação feminina".

mada Oyá ou Iansã, é também filha de Iemanjá. Nessa família há ausência do pai. Assim, legitima-se a matrifocalidade. Oyá, ao representar o vento, significa a comunicação, símbolo importantíssimo para quem vive a diáspora. Na realidade, tanto o ar/vento quanto a água/mar significam a união do povo que viveu a diáspora. Porém Oyá representa, sobretudo, as múltiplas transformações que podem ser interpretadas como os diferentes papéis que a mulher negra teve que assumir para enfrentar as diferentes e complicadas situações na sua trajetória da África para o Brasil.

Entretanto, a grande característica de Oyá, que distingue claramente a mulher branca da afrodescendente, é o comportamento da deusa negra, que não se conforma em permanecer somente no espaço feminino, no espaço da intimidade, no espaço de Héstia. A deusa negra invade o espaço masculino, o espaço de Hermes, e sem pedir licença entra no espaço dos Egungun, sendo tão bem recebida que dança com eles. As mulheres afrodescendentes acompanham sua deusa, irrompem no espaço público como negras de tabuleiros, vendendo seus quitutes; como lavadeiras; como amas; como doceiras, fazem articulações entre seu povo como representantes da cultura afro-brasileira tornando-se notícia de jornal como Dionísia, Aninha, Menininha, Senhora, Olga de Alaketu. Mas Olga não transgride somente tornando-se notícia de jornal: na África, por ser de Iansã, invade o espaço masculino dos Egungun e dança com suas duas mães, Dionísia e Etelvina.

Se Iansã transgride, Irôco, a árvore cosmológica, a deusa com suas imensas raízes, representa a tradição, a tradição dos africanos e seus descendentes no Brasil. Os elementos tradicionais africanos movimentam-se na subterraneidade, resinificando-se, ganhando diferentes e mais sentidos para não morrerem, para permanecerem vivos. Bachelard (1990, p. 20) parece concordar com essa ideia quando diz que sentimos as raízes trabalharem, sentimos que o passado não está morto. Irôco é a grande árvore; para Bachelard "*é um ninho imenso balouçado pelo ven-*

to". É o encontro da árvore com o vento. Estabelece-se assim o encontro entre dois Orixás: Irôco e Oyá (1990, p. 218). Olga de Alaketu, ao ser Irôco, representa a tradição, mas ao ser também Iansã, ao significar o vento, representa a mudança. Assim, Olga de Alaketu tem em si o par de oposições: tradição, continuidade e mudança, transformação, que, por um lado, complementam-se, mas, por outro, vivem em constante tensão.

Parece ser a vivência da oposição tradição-transformação que faz com que Olga seja conhecida, como diz Yeda Castro (1995), por sua personalidade polêmica, e eu complemento: com a qualidade de radical. As lembranças da sacerdotisa quanto a sua origem fogem às memórias subterrâneas definidas por Pollak (1989), pois, apesar de ela pertencer a um grupo minoritário no Brasil, são lembranças orgulhosas porque, ao pensar sua origem, vai para a África e lá encontra a família Arô, uma das cinco famílias reais de Ketu, entre as quais são escolhidos os seus mandatários. Tanto é que seu terreiro - o Alaketu foi consagrado a *"Oxóssi - um dos antigos e principais Orixás de Ketu"* (Costa Lima, 1984, p. 24).

Além disso, há razões para que as lembranças de Olga sejam orgulhosas, porque, para que a princesa Otampê Ojarô não se tornasse escrava, houve a intervenção divina de Oxumarê. Tanto que a casa de culto construída na roça foi dedicada a Oxumarê (id., ibid.). Assim, as lembranças de Olga, tanto as da memória divinizada quanto as da memória pertencente aos mortais, ao se intercruzarem, trazem para o presente reis, princesas e deuses. No entanto, o trajeto da família Arô, especialmente das duas gêmeas, deve ter seguido o apresentado no primeiro capítulo - *"A trajetória da mulher negra"* -, porque, apesar de pertencerem a uma das cinco famílias reais de Ketu, esse território havia sido totalmente arrasado pelos daomeanos.

As lembranças de Olga dizem mais, à medida que ela relata seu nascimento. Para que ele ocorresse, houve a intervenção direta de

Orunmilá. Nessa situação, quem se tornou profeta foi Dionísia, mãe-de-santo de Olga, que, por inspiração do deus da adivinhação, foi para o outro tempo, o tempo que ainda não era, para o futuro, e profetizou que a menina que ia nascer seria a grande sacerdotisa do Alaketu, portanto sua mãe não deveria provocar o aborto. Assim, de acordo com as profecias de Dionísia, nasce no dia 9 de setembro de 1925, às 4 horas da manhã, no terreiro do Alaketu, uma menina negra que viria a ser Olga de Alaketu, a sacerdotisa do terreiro situado na Rua Luiz Anselmo, em Matatu Grande.

Além de Orunmilá, outro deus participa da vida de Olga assim que ela nasce. Em outras palavras, nesse mesmo dia vem ao Alaketu uma filha-de-santo com o Orixá já manifestado, pega a menina no colo e leva aos pés de Irôco, fazendo ali mesmo a obrigação de Olga para esse Orixá. Na verdade, o que parece ter ocorrido é a continuação das profecias de Dionísia. Assim como no futuro Olga viria a ser a grande sacerdotisa do Alaketu, deveria ser iniciada para Irôco, a árvore cosmológica que, ao possuir a enorme raiz que penetra a terra, representa a tradição Ketu sendo fincada nas terras da Cidade da Bahia.

Mãe Olga, ao representar a tradição, consegue movimentar-se, indo do presente dos mortais para o passado remoto, no tempo do além, em que os deuses falam, mandam recados, vão ao mercado. No entanto, não é apenas esse o caminho percorrido por essa mãe-de-santo; enquanto adivinha, é profetisa que está presente num tempo que ainda não se constituiu, Olga está presente no futuro, fazendo profecias e adivinhações. O dom da vidência transparece especialmente no oráculo, no jogo de búzios que Olga joga com maestria. Mas o jogo significa mais do que mostrar o futuro, ele revela a matrilinearidade como princípio seguido por muitos grupos de afrodescendentes no Brasil. Antes de iniciar o jogo, a sacerdotisa pergunta o sobrenome do lado materno do cliente, e todo o jogo desenvolve-se nessa direção. Desse modo, essa prática divinatória é povoada de imagens femininas, da bisavó, da avó, da mãe, da filha, da tia materna...

É claro que o sobrenome em questão é sempre do homem, pois uma das normas fundamentais que orienta a constituição da família no mundo ocidental é a patrilinearidade. Mas para Olga isso não interessa; o que importa é a dimensão simbólica, que aqui significa a importância da mulher, do feminino para o Candomblé. Tanto é que os Candomblés tradicionais baianos seguem o princípio da matrilinearidade quando se trata de sucessão.

Ao ser questionada sobre o princípio da matrilinearidade para a sucessão no terreiro, a sacerdotisa responde com simplicidade: "*ora, porque é a mulher que tem mais axé*". Essa última explicação dada pela sacerdotisa faz com que eu mova o foco da análise novamente para as famílias poligínicas africanas, e lá encontro as mulheres que desenvolveram um sentimento materno tão intenso que, inclusive, desdobrou-se em poderes ocultos; transformaram-se em feiticeiras para proteger a si e a seus filhos.

Movo, então, o foco da análise para Lawal (1996) que, ao se referir às grandes mães feiticeiras com seus pássaros, comenta que elas são mais poderosas que os Orixás. É nessa perspectiva que entendo melhor porque a mulher é a grande sacerdotisa dos Candomblés baianos antigos, especialmente quando lembro como a sacerdotisa acolhe com proteção, afeto e amor seus filhos. Troca-se amor por axé. Mais precisamente, o exercício do afeto, do amor, desenvolve-o. À medida que se oferecem esses sentimentos, se ganha axé. É essa a relação determinante no Candomblé: a reciprocidade[19]. Por essa razão, Olga fala de Iyá Apa-

---

19 A comunidade com sua família de santo é constituída através de relações de reciprocidade, nas quais as pessoas e também os Orixás exercem a obrigação de dar, receber, retribuir. Em outras palavras, o mesmo princípio de reciprocidade que rege as relações entre os membros do Candomblé, regula também as relações entre os deuses e os homens (Bernardo, 1997, p. 111). As relações de reciprocidade, tão próprias do Candomblé, são consequência da proibição do incesto existente nessa expressão religiosa.

oká, a mesma lá Mi Oxorongá, com doçura e afeto, diferentemente do povo de santo que tem medo das Iyá Mi. Tanto é que a sacerdotisa tem Iyá Apaoká assentada em seu terreiro e a chama de santa da barriga porque está relacionada com os ovários, o útero, a gravidez, o aborto e todos os demais aspectos que constituem a singularidade feminina.

Ao mover o foco de análise para a modernidade, percebo que as grandes mães, as mulheres que conversam com as Iyá Mi, silenciadas, saem de cena; percebo ainda que na última década (1988-1999) morreram mais crianças negras e também que a mulher negra vive cinco anos menos que a branca. Surpreendida, vejo o racismo penetrar nos espaços negros, transformando-os. Mas não é só transformação o que observo, é também deformação. O racismo transforma, deformando o negro em branco, o negro em invisível, o negro em inferior, o negro em intelectualmente incapaz, o negro em animal. Porém, muitas vezes esse processo é imperceptível para o próprio negro que, iludido, pensa ser, de fato, incapaz.

Ante essa situação, pergunta-se: onde estão as grandes comerciantes, as articuladoras da própria abolição? Onde estão as mães co-esposas da família poligínica que, para proteger a si e a seus filhos, desenvolveram poderes sobre-humanos? Onde está a mulher da matrifocalidade, onde está a mulher que cavou brechas, abriu caminhos e foi ama, doceira, lavadeira, cozinheira? Onde está o grande conhecimento desenvolvido? Onde estão suas deusas: Iemanjá, Oxum, Irôco, Iansã - a guerreira? As deusas parecem ter morrido. A modernidade as matou. Berger parece concordar com essa ideia ao dizer:

> *"À medida que a modernidade se foi transformando num fenômeno em nível mundial, (...) o confronto com o imperativo herético também passou a ser de nível mundial. O confronto aqui identificado registra-se, por um lado, entre as práticas e as compreensões tradicionais e as formas de vida a*

elas associadas e, por outro lado, o forte processo de secularização da modernização, um processo que abre cada vez mais área da existência humana (...) a instabilidade, a incerteza, a insegurança e a ansiedade." (apud Smart, 1993, p. 133)

Nesse confronto, parece que o lado perdedor foram as formas de vida tradicionais e suas explicações correspondentes. Assim, a avalanche de incertezas, as inseguranças envolvem o contingente feminino afrodescendente em todas as dimensões de sua vida. Esse confronto explica em parte a situação da mulher negra nos dias atuais. Mas parece fazer mais que isso, quando se ouve Derlick:

"(...) *1/5 da população mundial, segundo os cálculos dos administradores, não precisa ser colonizado, é simplesmente marginalizado. Com a nova produção flexível não é mais preciso utilizar coerção explícita contra os trabalhadores em casa ou nas colônias mundo afora. Esses povos ou lugares que não respondem às necessidades ou demandas do capital (...) com eficácia ou simplesmente se encontram fora desses caminhos. É ainda mais fácil dizer com convicção: a culpa é deles." (1997, p. 27)*

Culpa deles, eles que são incapazes, que não aprendem, que não sabem, que não conhecem. É o racismo transformando-deformando e justificando a marginalização da negra. Mas se a mulher negra, na vivência do conflito africano na poliginia, chegou a desenvolver poderes sobre-humanos, a esperança é que diante desse conflito da modernidade ela desenvolva outros poderes, que lhe propiciem continuar a caminhar!

REFERÊNCIAS BIBLIOGRÁFICAS

ALMEIDA, M. Amélia (1993). O idealismo feminista na Bahia nos anos 30. São Paulo, Unesp. História, v 12.
AMADO, Jorge ([1944] 1970). Bahia de todos os Santos. São Paulo, Martins Fontes.
_____(1971). Tenda dos milagres. São Paulo, Martins Fontes.
_____ ([1935] s/d.). Mar morto. São Paulo, Martins Fontes.
AMARAL, Rita de Cássia (1998). "Awon Xirê! A festa de candomblé como elemento estruturante da religião". In: MOURA, Carlos Eugênio de (org). Leopardo dos olhos de fogo. São Paulo, Ateliê Editorial.
AUGRAS, Monique (1983). O duplo e a metamorfose. Petrópolis, Vozes.
_____ (1989). "De Iyá Mi a Pombagira: transformações e símbolos da libido". In: MOURA, Carlos Eugênio de. Meu sinal está no teu corpo. São Paulo, Edicon-Edusp.
BACHELARD, Gaston (1990). A terra e os devaneios do repouso. São Paulo, Martins Fontes.
_____ (1998a). O ar e os sonhos. São Paulo, Martins Fontes.
_____ (1998b). A água e os sonhos. São Paulo, Martins Fontes.
_____ (1999). A psicanálise do fogo. São Paulo, Martins Fontes.
BACHELARD, Gaston (2000). A poética do espaço. São Paulo, Martins Fontes.
_____ (2001). A terra e os devaneios da vontade. São Paulo, Martins Fontes.
BADINTER, Elizabeth (1985). O mito do amor materno. Rio de Janeiro, Nova Fronteira.
BARTHES, Roland (1977). Mudou o próprio objeto. Atualidade do mito. São Paulo, Livraria Duas Cidades.
BASTIDE, Roger (2000). O candomblé da Bahia. São Paulo, Companhia das Letras.
BERGSON, Henry (1980). Matéria e memória. São Paulo, Martins Fontes.
BERNARDO, T. (1986). A mulher no candomblé e na umbanda. Dissertação de mestrado. São Paulo, PUC-SP.
_____ (1997). Axé: ruptura-continuidade. Margem - revisitando o Brasil. São Paulo, Educ.

_____ (1998). Memória em branco e negro: olhares sobre São Paulo. São Paulo, Educ-Unesp.
BOAS, Franz (s/ d). Arte primitiva. Trad. Rinaldo Arruda. São Paulo, PUC-SP.
BOFF, Clodovis (1995). Nossa Senhora Iemanjá. Maria na Cultura brasileira. Petrópolis, Vozes.
BONAVENTURE, Jette (2000). Variações sobre o tema mulher. São Paulo, Paulus.
BORNHEIM, Gerd (1987). O conceito de tradição. Tradição contradição. São Paulo, Zahar.
BROWN, Radcliffe (1972). Estructura y función em la sociedad primitiva. Barcelona, Ediciones Peninsula.
CAILLOIS, Roger (1972). O mito e o homem. Porto, Portugal, Edições 70.
CANEVACCI, Massimo (1996). Sincretismos. São Paulo, Studio Nobel.
CARNEIRO, Edison (1950). Antologia do negro brasileiro. Rio de Janeiro, Globo.
_____ ([1948] 1961). Candomblés da Bahia. Rio de Janeiro, Conquista.
_____ (1991). Religiões negras, negros bantos. Rio de Janeiro, Civilização Brasileira.
CASTRO, Yeda P. de (1990). No canto do acalanto. Salvador, Centro de Estudos Afro-Orientais. Ensaio-Pesquisa, n. 12.
CASTRO, Yeda P. de e TEIXEIRA, Cid (1995). Relatório sobre o Terreiro do Alaketu para a Fundação Gregório de Matos. Salvador.
CONRAD, E. Robert (1988). Tumbeiros. São Paulo, Brasiliense.
CONSORTE, J. Gomes (2000). Sincretismo ou africanização: o sentido da dupla pertença. Travessia. São Paulo, CEM.
CORREA, M. Ana Maria (1976). A rebelião de 1924 em São Paulo. São Paulo, Hucitec.
COSTA LIMA, Vivaldo da (1984). Encontro das Nações de Candomblé. Salvador, Ceao, co-edição Panamá e UFBA.
_____ (1998). "Liderança e sucessão, coerência e norma no grupo de candomblé". In: MOURA, Carlos Eugenio de (org). Leopardo dos olhos de fogo. São Paulo, Ateliê Editorial.
_____ e OLIVEIRA, Waldir (1987). Cartas de Edson Carneiro a Arthur Ramos. São Paulo, Corrupio.
CUNHA, Mariano C. (1984). A feitiçaria entre os nagô-yorubá. São Paulo, USP. Dédalo, v 23.
CUNHA, Manuela Carneiro da (1985). Negros estrangeiros. São Paulo, Brasiliense.
DERLIK, A. (1997). A aura pós-colonial na era do capitalismo global. São Paulo, Editora Brasileira de Ciências. Novos Estudos CEBRAP, n. 49, p. 27.
Desigualdade racial impacta no envelhecimento de negros, in Centro de Inovação SESI. Disponível em < http://longevidade.ind.br/noticia/e-preciso-mais-produtividade-para-suportar-o-envelhecimento/ >. Acesso em 28/09/2019.

DIAS, M. da Silva (1984). Quotidiano e poder em São Paulo. São Paulo, Brasiliense.
DUBOIS, B. e W. (1999). As almas da gente negra. Rio de Janeiro, Lacerda Editores.
ELIADE, Mircea (1993). O mito do eterno retorno. Porto, Portugal, Edições 70.
_____ (1998). Tratado de história das religiões. São Paulo, Martins Fontes.
FAUSTO, Boris (1973). "A revolução de 30". In: MOTA, Carlos Guilherme. Brasil em perspectiva. São Paulo, Difusão Europeia do Livro.
FERREIRA FILHO, H. Alberto (1993). Salvador das mulheres e condição feminina e cotidiano na belle époque imperfeita. Tese de mestrado. Salvador, PFCH/UFBA.
_____ (1998-1999). Desafricanizar as ruas: elites letradas, mulheres pobres e cultura popular em Salvador (1890-1937). Salvador, Ceao-UFBA. Afro-Ásia, v. 21-22.
FERRETTI, Mundicarmo (1996). A mulher no Tambor de Mina. São Paulo. Mandrágora, n. 3, ano 3.
FIGUEIREDO, Luciano (1997). "Mulheres nas Minas Gerais". In: PRIORI, Mary Del. História das mulheres no Brasil. São Paulo, Contexto.
FISCHER, Michael M. J. (1986). "Ethnicity and the Post-Modern Arts of Memory". in; CLIFFORD, J. e MARCUS, G. E. (eds.). Writing Culture - The Poetics and Politics of Ethnography. Berkeley, USA, University of California Press.
FOUCAULT, Michel (1985, 1998, 1999). História da sexualidade, vols. 1, 2, 3. São Paulo, Graal.
FREIRE DA COSTA, Jurandir (1986). Violência e psicanálise. Rio de Janeiro, Graal.
FREUD, S. (1964). Psicopatologia da vida cotidiana. Rio de Janeiro, Zahar.
GENNIE, Luccioni (1977). Atualidade do mito. São Paulo, Duas Cidades.
GIACOMINI, S. Maria (1988). Mulher e escrava: uma introdução histórica ao estudo da mulher negra no Brasil. Petrópolis, Vozes.
GILROY, Paul (2001). O Atlântico negro. São Paulo, Editora 34.
GLEASON, Judith (1993). Oyá, um louvor à deusa africana. Rio de Janeiro, Bertrand Brasil.
GOURHAM, A. Leroi (1983). O gesto e a palavra - memórias e ritmos. Porto, Portugal, Edições 70.
GOUVEIA, H. Eliane (1987). O silêncio que deve ser ouvido: mulheres pentecostais em São Paulo. Dissertação de mestrado. São Paulo, PUC-SP.
GRAVES, Robert (1990). Os mitos gregos. Lisboa, Portugal, Publicações Dom Quixote.
GUIMARÃES, A. S. Alfredo (1999). Preconceito e discriminação. São Paulo, Novos Toques.
KRACY, Hendrick (2000). Entre o Brasil e a Bahia - as comemorações do 2 de julho em Salvador. Afro-Ásia, v. 23.
HALBWACHS, Maurice (1990). A memória coletiva. São Paulo, Edições Vértice.

HALL, Stuart (1997). Identidades culturais na pós-modernidade. Rio de Janeiro, DPCA Editora.
HEALEY, Mark (1996). Os desencontros da tradição em cidade das mulheres: raça e gênero na etnografia de Ruth Landes. Cadernos Pagu. Campinas, Núcleo de Estudos de Género.
HERRNSTEIN, Murray (1994). The bell curve. New York, Free Press.
HERSCHMANN, Michael (2000). "Mobilização, ritmo e poesia". In: FONSECA, Maria Nazareth Soares. Brasil afro-brasileiro. Belo Horizonte, Autêntica.
Retrato das desigualdades de gênero e raça. Brasília, Ipea. Disponível em < http://www.ipea.gov.br/retrato/pdf/revista.pdf >. Acesso em 28/09/2019.
IWASHITYA, Mário (1991). Maria e Iemanjá. São Paulo, Paulinas.
JUNG, Carl G. (1993). A civilização em transição. Petrópolis, Vozes.
JUNQUEIRA, Carmem (2000). O poder do mito. São Paulo, Educ-Pallas Atenas. Hypnos, n. 6.
LANDES, Ruth ([1940] 1967). A cidade das mulheres. Rio de Janeiro, Civilização Brasileira.
LAWAL, Babatunde (1996). The Gelede Spectacle: Art, Gender and Social Harmony in an African Culture. Seattle, University of Washington Press.
LE GOFF, Jacques (1992). História e memória. Campinas, Editora da Unicamp.
LEVI-STRAUSS, Claude (1967). Antropologia estrutural, V. 1. Rio de Janeiro, Tempo Brasileiro.
_____ (1993). Antropologia estrutural, vol. 2. Rio de Janeiro, Tempo Brasileiro.
LOUURENÇO, Eduardo (1999). Mitologia da saudade. São Paulo, Companhia das Letras.
MAYNES M., Jo et alii (1996). Gender, Kinship and Power. Nova York, Routledge.
MERCADANTE, Elizabeth (1997). A construção da identidade e da objetividade do idoso. Tese de doutorado. São Paulo, PUC-SP.
MOREIRA SOARES, Cecília (1996). As ganhadeiras: mulher e resistência negra em Salvador no século XIX. Salvador, Ceao-UFBA, Afro-Ásia, v. 17.
MORGAN, Kathryn L. (2OO2). Filhos de estranhos à terceira margem. São Paulo, Terceira Margem.
MORIN, Edgard (1970). O homem e a morte. Portugal, Publicações Europa-América (Biblioteca Universitária).
_____ (1991). O paradigma perdido - a natureza humana. 5ª ed. Portugal, Publicações Europa-América (Biblioteca Universitária).
NICHOLSON, Shirley (1993). O novo despertar da deusa: o principio feminino hoje. Rio de Janeiro, Rocco.
OLIVEIRA FREITAS, Waldir e COSTA LIMA, V. da (1987). Cartas de Edison Carneiro a Arthur Ramos. São Paulo, Corrupio.

ORTIGUES, M. C. e Ortigues (1984). Édipo africano. São Paulo, Escuta.
PANTOJA, Selma (2000). Nzinga Mbandi – Mulher, guerra e escravidão. Brasília, Thesaurus.
PERROT, Michelle (1989). Práticas da memória feminina. São Paulo, Anpuh-Marco Zero, Revista Brasileira de História, v. 8.
_____ (1992). Os excluídos da história. Rio de Janeiro, Paz e Terra.
_____ (1998). Mulheres públicas. São Paulo, Editora da Unesp.
PIERSON, Donald ([1942] 1945). Brancos e pretos na Bahia. Rio de Janeiro, Editora Nacional.
_____ (1992). O candomblé da Bahia. São Paulo, Guaíra.
PIERUCCI F., Antonio (2000). Ciladas da diferença. São Paulo, Editora 34.
POLLAK, Michael (1989). Memória, esquecimento, silêncio. Estados históricos, n. 4. Rio de Janeiro, Edições Vértice.
_____ (1990). L'experience concentracionnaire: Essai sur le maintien de l'identité sociale. Paris, Editions.
POUTIGNAT et alii (1998). Teorias da etnicidade. São Paulo, Editora da Unesp.
PRANDI, Reginaldo (1991). Os candomblés de São Paulo. São Paulo, Hucitec-Edusp.
_____ (2000). Mitologia dos Orixás. São Paulo, Companhia das Letras.
RAMOS, Arthur (1940). O negro brasileiro. São Paulo, Editora Nacional.
RODRIGUES, Nina (1935). O animismo fetichista dos negros baianos. Rio de Janeiro, Civilização Brasileira.
_____ (1988). Os africanos no Brasil. Brasília, UNB.
ROSADO, Maria José F. (1984). Vida religiosa nos meios populares. Dissertação de mestrado. São Paulo, PUC-SP.
ROSALDO, Michelle Z. (1979). A mulher, a cultura, a sociedade. Rio de Janeiro, Paz e Terra.
RUFFIÉ, Jacques (1995). "O mutante humano". In: Do primata ao homem: continuidades e rupturas. São Paulo, Cultrix/Edusp.
SADER, Eder (1995). Quando novos personagens entram em cena. Rio de Janeiro, Paz e Terra.
SALLUM, Marta H. L. (1999). Por que são de madeira essas mulheres d'água? São Paulo, USP. Revista do Museu de Arqueologia e Etnologia, v. 9.
SANTOS, Lopes do C. M. (1984). Caboclo da Africa ou do Kingué. Centro de Estudos Folclóricos. Fundação Joaquim Nabuco. Folclores, n. 144.
SCOTT, Joan (1988). Gender and the politics of History. New York, Columbia University Press.

SCOTT, Parry (1990). O homem na matrifocalidade: gênero, percepção e experiências do domínio doméstico. São Paulo, Fundação Carlos Chagas. Cadernos de pesquisa, n. 73.
SCRUGGS, Otey M. (2002). "Posfácio". In: MORGAN, K. Filhos de estranhos de Kathryn L. Morgan. São Paulo, Terceira Margem.
SEGATO, L. Rita (1995). Santos e daimones. Brasília, Editora UNB.
SELJAN, Zora (1983). Iemanjá: mãe dos Orixás. São Paulo, Editora Afro-Brasileira.
SHUMAKER, S. (2000). Dicionário de mulheres do Brasil. Rio de Janeiro, Zahar.
SILVA, Maria Aparecida Pinto (1998). Invisibilidade e respeitabilidade: memória e luta dos negros nas associações culturais e recreativas de São Paulo (1930-1968). Tese de mestrado. São Paulo, PUC.
SILVEIRA, Renato da (2000). Jeje-nagô, iorubá-tapá, aon-efan, ijexá: processo de constituição do candomblé da Barroquinha (1764-1851). Petrópolis, Vozes, Revista cultura, v. 6.
SLENES, W. Robert (1999). Na senzala, uma flor. Rio de Janeiro, Nova Fronteira.
SMART, Barry (1993). A pós-modernidade. Portugal, Publicações Europa-América.
SMITH, Pierre (1982). "A natureza dos mitos". Paisagens, sábios e selvagens. Porto, Portugal, Porto Editora.
STOCKLER, Verena (1991). Sexo esta para gênero assim como raça para etnicidade. Rio de Janeiro, CEAA. Estudos afro-asiáticos, v. 20.
VALLADO, Armando A. (1999). Iemanjá: a grande mãe africana do Brasil. Dissertação de mestrado. São Paulo, USP.
VERGER, Pierre (1992). Artigos. Tomo I. São Paulo, Corrupio.
_____ (1954). Dieux d'Afrique. Paris, Paul Hartmann.
_____ (1986). A contribuição especial das mulheres ao candomblé do Brasil. Culturas africanas. São Luis do Maranhão, Unesco.
VERNANT, Jean Pierre (1971). Mito e pensamento entre os gregos. São Paulo, Difusão Europeia do Livro.
WOORTMANN, Klaas (1987). A família das mulheres. Rio de Janeiro, Tempo Brasileiro.

SOBRE A AUTORA

Teresinha Bernardo é graduada (1969), mestra (1986), doutora (1993) e livre-docente (2003) em Ciências Sociais pela Pontifícia Universidade Católica de São Paulo - PUC-SP, onde também é professora e coordenadora do grupo de pesquisa sobre *Relações Raciais: Memória, identidade e imaginário*.

Colaboradora da *Fundação Ford*, da *Coordenação de Aperfeiçoamento de Pessoal de Nível Superior - CAPES* e da *Fundação de Amparo à Pesquisa do Estado de São Paulo - FAPESP*, atua principalmente nas pesquisas e desenvolvimento de temas relacionados ao racismo, candomblé, memória, relações de gênero e cultura afro-brasileira.

Além de *Negras, Mulheres e Mães*, **Teresinha Bernardo** também é autora dos livros "*Memória em branco e negro*", "*Racismo e educação*", "*Diásporas, redes e guetos*" e de quatro títulos da série "*Ciências Sociais na atualidade*".

Negras, Mulheres e Mães

Lembranças de Olga de Alaketu

Uma publicação da Arole Cultural

Acesse o site
www.arolecultural.com.br